中央高校基本科研业务费专项资金资助（SUPPORTED BY THE FUNDAMENTAL RESEARCH FUNDS FORTHE CENTRAL UNIVERSITIES）
项目：青年马克思资本主义批判中的正义问题研究（项目编号：2021CBWY006）

后现代主义视角下当代西方城市研究

赵佳伟　刘云杉◎著

三辰影库音像电子出版社
SUNCHIME
北 京

图书在版编目（CIP）数据

后现代主义视角下当代西方城市研究 / 赵佳伟，刘
云杉著 . — 北京 ：三辰影库音像电子出版社，2022.6
ISBN 978-7-83000-531-3

Ⅰ. ①后… Ⅱ. ①赵… ②刘… Ⅲ.①城市学－研究
－西方国家－现代 Ⅳ.① C912.81

中国版本图书馆 CIP 数据核字（2022）第 015534 号

后现代主义视角下当代西方城市研究

责任编辑：和玉庭
责任校对：韩丽红
出版发行：三辰影库音像电子出版社
社址邮编：北京市朝阳区东四环中路 78 号 11A03，100124
联系电话：（010）59624758
印　　刷：三河市龙大印装有限公司
开　　本：165mm×230mm　1/16
印　　张：15.25
字　　数：163 千字
版　　次：2022 年 6 月第 1 版
印　　次：2022 年 6 月第 1 次印刷
定　　价：65.00 元
书　　号：ISBN 978-7-83000-531-3

自 序

　　本书旨在以当代西方"现代性城市"为研究对象，提供一些有关当代西方城市的时空结构、公共领域与大众行为的看法。就笔者而言，不敢遑论这是一个具有多大意义的成果，笔者更看重的是将自己的所思所想表达出来，以期与更多的前辈和同行进行交流沟通，以获得更多有益的想法，并在这个过程中让笔者不断进步。

　　本书是对当代西方城市这个论题学习思考的阶段性成果，在一个相对完整的逻辑体系下，就当代西方城市研究相关话题进行了探讨并形成了一部分成果。即使在年龄、阅历、积淀以及行文方面有诸多不足，但这算是一个成书的契机，也算是一个长期探讨与思考的结果。本书成书于2017年，相比今天的思考，无疑存在着某种"断裂"，这种"断裂"在时间进程中不断加强，但在笔者看来"断裂"或许是新开始的萌芽。

　　由于笔者的研究方向均以相对抽象的理论为主，兼之笔者经验与数据材料有限，因此很多理论的阐述并不意味着下某种结论，而更多是作为导引性质的表述。以抽象逻辑为主的论述，在书中留下了比较大的延展空间，以便使读者在思考的过程中弥补笔者

在经验与数据方面的不足，并且指正理论逻辑中可能存在的欠缺或者不正确之处。

撰写本书的目的，并不是为了直接解决当代西方城市中面临的诸多问题，也不是给西方城市发展的未来规划图景，而是从尽可能宽广的视野上分析当代西方城市与现代性交织而成的复杂关系，并试图梳理他们变迁的线索，指出其中发生的或可以称之为潜力，或可以称之为困境的部分。当然，这些论述绝不是笔者自娱自乐的概念游戏，而是希望这些概念的阐述有助于解释一些特定的状况以及解决一些现实的问题，研究成果能为当代西方城市空间分析的实践提供一些帮助，为了人们更加美好的生活贡献一份力量。

近来炙手可热的历史学者尤瓦尔·赫拉利说道：

> 对伊壁鸠鲁来说，追求快乐是一件很个人的事。但近代思想家则相反，认为这需要大家群策群力。如果没有政府规划、经济资源和科学研究，个人追求快乐并不会有太大成效。如果你的国家战火纷飞、经济陷入危机、医疗护理求而不得，快乐就成为天方夜谭。18世纪末的英国哲学家边沁主张，所谓至善就是"为最多人带来最大的快乐"，并认为国家、市场和科学界唯一值得追寻的目标就是提升全球的快乐。政治家应该追求和平，商人应该促进繁荣，学者应该研究自然，但不是为了荣耀什么国王、国家或神，

而是为了让你我都享有更快乐的生活。①

　　笔者做城市研究的最终任务亦是如此。尽管其中叙述的早期自由资本主义背景已经沧海桑田，现今的状况是使每个个体的命运与城市、国家和全球状况息息相关，每个人对福祉的追求空前复杂，这就意味着实现福祉的最大化也变得复杂了，这需要科技的进步，合理的规划，消除贫困、饥饿、歧视，关注个体的心理境况以及应对现代社会进程中的种种负面后果。

　　作为初学者难免有不足之处，在研究中总是会忽视这样那样的现象或行为，甚至不可避免地犯错误或赘余，然而笔者希望跨越学科的界限，在城市研究中更加关注人的境况，帮助人们理解城市的内涵。相信这些成果会为社会及其中的每一个个体提供一些视角与思考。

赵佳伟　刘云杉

2020 年 11 月

---

① ［以］尤瓦尔·赫拉利.未来简史［M］.林俊宏，译.北京：中信出版集团，2017：26-27.

目　录

导　论　全球化、现代性与城市 ……………………………………1

第一章　城市社会的权力结构：一种政治地理学的视角………… 27

第二章　城市研究的马克思主义传统 ……………………… 63

第三章　城市时空的主要特征 …………………………… 77

第四章　身份与阶级：隐藏的图像 ………………………105

第五章　城市行动：消费与喧嚣 …………………………133

第六章　城市体验：媒体、建筑与景观乌托邦………………163

第七章　后现代性与城市的未来………………………………193

第八章　走进城市研究的街头………………………………223

参考文献………………………………………………………232

导　论

全球化、现代性与城市

城市在资本积累的方方面面都起着决定性的作用……城市为跨国资本、本地寡头资本和民族国家现代化提供了制度框架和运行场所……另一方面……城市还扮演着传播现代工业社会生活方式、风俗习惯、饮食偏好、流行风尚和消费特点的重要角色。城市作为一个平台，无论是外国资本还是本国资本，都试图在这里通过复制现代生活方式和消费主义理念来宣传现代化、高效率和经济增长的逻辑，在此过程中削弱和破坏了非资本主义的生产体系和文化价值观。①

　　① ［英］加里·布里奇，［英］索菲·沃森.城市概论［M］.陈剑峰，袁胜育，等译.桂林：漓江出版社，2015：96.

一、全球化与现代化

随着经济全球化浪潮卷入 21 世纪，城市越来越成为战略意义上的重点。全球的概念以世界性、总体性形成与民族国家的二元对立，从而形成了典型的全球-民族的分析模式。以经济全球化为核心的全球化推动着现代性的辐散，推动着作为参与者的每一个民族国家权力的重新布局，推动着资本、政治与大众的权力再分配，这些重构通常仅被当作国家或寡头金融层面的博弈，这显然是有失偏颇的。"城市"作为被全球现代性宏观分析引入的概念场域，它使我们摆脱以民族国家为权力分析空间的局限，进而摆脱局部政治的地域特殊性影响，使我们进一步挖掘全球现代性在中观乃至微观权力上的一系列构成，而非单纯的经济中心的全球化国家理论。现代性与全球化的主线，能够更加明确地解释个体在当代都市中的境遇。这就要

求我们进一步关注城市空间重新塑造人们生活方式、思维方式与社会规范的能力。

对全球化整体的深入理解，离不开对人文地理学意义上的经济中心或者资源中心的理解，它是进一步解释现代性与全球化所带来的全新的权力分配的基础。我们对全球现代性的分析，着重于探究"城市"作为一种新的权力模式是如何成为全球化世界的权力引擎的，而全球化背景下的大都市恰恰是这种"城市"的范本，使我们能够探究现代性中那些非支配的权力结构构成，并且能够得知是否存在一种全新的权力模式，它能够使"缺乏政治"的现代城市形成一种合理的组织。

大都市是主体性被剥夺的重要场域，因为在这里，主体不完整的存在获得了充分的彰显，这些彰显正源源不断地让渡着他们自身的权力。强烈的异质性形成了若干的多元结构，文化多元化、种族多样性以及性别差异性构成了无数权力现象。而业已形成以及正在变迁的城市规划、功能区以及居住规则的演变，与和它们密切相关的大众和公共领域的结构塑造出新的不平等。这种不平等并不为人所感知，而且在不断推动着高度现代化的城市社会规训的形成。

城市作为天然的熔炉，其异质性的结构本身就滋养文化多样性的温床。大都市之所以被称为全球化现象与结果的集中地，不仅在于它汇聚了最新的技术、产品与完整的产业结构和平台，更关键的是其背后整合异质性的结构，这种结构涵盖了不同的文化背景、政治观念和经济水平，其背后蕴藏的权力塑造和权力生产更是后工业社会语境关注的焦点。

文化、种族与生活方式的多样性对应着纵横交错的都市异质性。城市空间中不仅可见支配性的政治或者资本运作，更多的身体化、符号化与象征性的非支配性权力也贯穿其中。支配性的权力显然越来越不明显，它逐渐隐藏到公众并不十分关心的公共政策中，只有试图打破潜在的权力平衡才会引发大规模的抗议。在西方大都市中，某些民族文化地带独立于中央商务区、白人精英居住区以及商业街，这些地区空间被各种现实的或者虚拟的边界所划分，从而构成了内部的亚文化结构，当不属于这一文化圈的人介入其中，受到的就是"他者"的待遇，而非同一城市的共同感。但是，这些地域仍旧是都市整体彰显文化多元性的重要部分，大都市通过塑造亚文化的空间从而容纳自身的异质性，并在多元融合与界限分明之间找到平衡点。

所以，身处都市之中的人可能对于其他亚文化的感知呈现"他者"性，而对于大都市而言，这些都是"自我"的一部分。这种由于主体差异而变更的观念形式，意味着城市天然就是文化多样性的载体，进而是全球化的主要载体。资本流动，文化认同与政治适应背后隐藏着全球的资本要素流动、文化横向传播以及大规模的移民浪潮等重要事实，同时带动了区域资源的再分配、城市建设、民族或区域文化的全球化重组等重要回应。这些反复的互动对于建构一种以城市为视角核心的研究取向十分重要，因为这样不仅能够反映全球化浪潮中社会的集中变迁，更能够感知与这些巨大变迁密切相关的个体的生活转折。在任何的城市研究中，个体或者与其命运彼此关联的阶层都不仅仅是被动的旁观者，尽管它们参与的变化大多微不足道，做出的改变大抵是顺应潮流，但它们身处剧烈社会变迁

的前沿、文化冲突与融合的浪尖，它们共同构成了引人瞩目的变化，来引导人们去理解这个全新的世界。

城市化进程将越来越多的功能纳入都市中，使个人与城市的依赖性日渐加深，并且使得人与城市的关系发生深刻的变化。人对于聚落的需求、改造与适应以及聚落本身的发展带给人的变化等，这些正是贯穿人类历史发展的重要线索，意味着人类对自然的异化程度与改造程度形成了今天无所不包的作为现代人类社会核心的都市。迄今为止，人与城市的关系已经摆脱传统的资源应用的工具层面和交往层面的限制，而是与资本主义的运作和统治，以及与时代密切关联的全球化重新建构。现代性使得这种改变从空间的物理扩张延伸到城市内外时空关系的结构变迁，有关新的权力的联系就在这个时空下发生，并且从现实与虚拟多个维度展示出城市时空的全新意义。互联网及其现实的衍生品打破了信息与商品传播的时空壁垒，并且加速解决了资本流通中信息不平等的缺陷，而个人网络则是革命性地改变了每一个人的生活状态，甚至加速了现代习俗的变迁，冲击着地方的传统，形成一种代表城市自身的文化符号系统，建构自身的认同感。高速的交通系统匹配着互联网的资本流动与消费，使得虚拟的社会经济关系在现实中成为可能。全球化进一步满足了人们的需要，填充了这种时空关系中人们需要的物质内容。

无论是占据全球中心地位的特大都市，还是一般发达国家中的中型城市，都在各维度上与世界有着密切的联系。即使全球城市占据的资本与资源是世界意义上的，但它们都可以被理解为全球化城市，因为这是现代性的结果，即它们通过互联网和发达的交通网实

现了信息与资源的全球分配，即使它们可能仅仅作为资本流动的末端而非中心环节，令个人产生全球性的生活方式，并且无时无刻地身处蝴蝶效应中。在这些不同的城市中，传统的、地方的、现代的、全球的等要素相互交织并且共同构成了独特的全球－地方关系图景。

现代性赋予了人与城市全新的关系。传统的以国家或者民族为研究单元或共同体的社会研究范式已经逐渐不适应当代城市中人们的身份认同了。这种关系的变化带来了对城市地位、权力与文化的全新理解。每个大都市都可以作为研究单元，它们之间结构的同质性已经占据主流，作为全球现代性下的重要特征，"多样性"似乎成为标配，在都市总是拥有更多的机遇与挑战。"大都市"不仅作为一种人文地理空间存在，也作为一种生活体验与权力模式而存在。

正如丘达科夫等所说的，"美国城市的面貌，也许会令人气馁或让人感觉未来不妙，但仍有充满希望的地方。自打从 20 世纪 70 年代的危机中复原之后，城市已经恢复了它的乐观情绪和宜居的口碑。更好的城市规划、社区的行动主义以及创造性的领导让许多各式各样的城市——如巴尔的摩、圣安东尼奥和西雅图等中心区重现活力。今天的城市保持着它们一直以来的固有特质——经济、社会和文化机遇的中心。"[①] 近现代城市社会的演变伴随着现代性对城市的重组，尤其在全球化城市中，技术、媒介与规则共同构成一个具有自我权

---

① ［美］霍华德·丘达柯夫，［美］朱迪丝·史密斯，［美］彼得·鲍德温. 美国城市社会的演变［M］. 熊茜超，郭旻天，译. 上海：上海社会科学院出版社，2016：300-301.

力生产能力的空间结构。城市逐渐从单纯的以政治力量或者行会或者职业为内部划分原则的中心-边缘结构转移成为不断极化的循环结构，复杂的社会阶层、福特制的后果与城市去工业化的进程逐渐孕育了繁杂的权力体系，使城市成为包含居住、产业、权力博弈与区位战略、虚拟信息生产与交互的复杂空间，并在一定程度上摆脱了现实空间的诸多限制。

城市对于资本、技术与人才的集聚是其保持经济与社会财富增长的主要引擎，跨国公司、大型金融机构都会使一个城市变得极具吸引力，并且使之在全球化进程中占据更加优势的区位。这种进步伴随着城市阶层的重组，经济与社会的极化正将代表失去地位的传统经济与生存模式的人们向经济增长的边缘排斥，这个过程产生大量全新的弱势群体。这种情形使得城市异质性并不局限于种族、性别或者职业，而是不断加剧两者之间的权力堕距，对于拥有进入网络或者新技术的特权渠道的人们，很容易拥有新的话语权力，并且在城市资源支配中占据主动地位。全新的技术与知识飞速进步淘汰了一批又一批代表传统生产模式的人们，并且掐断了他们原本存在的上升通道。这两种权力模式的此消彼长，带动了城市空间与资源分配的重组。全新的模式集聚了更多的社会权力与经济权力，并且逐渐对传统进行支配，并带动了城市身份与认同的变化。后工业时代的来临意味着新的空间与权力结构的合法化，并且重组着城市的异质性。

全球化使得后工业社会的理念逐步走向现实，社会权力结构也随之发生变迁。"在后工业社会知识技术中轴原理的作用下，新的社

会权力基础从财产标准或者政治标准转移到知识标准"①，那么，资本家或政治家已经不再是社会权力的直接控制者，权力在城市中被让渡到多种形式中，技术的变迁与知识的进步不断改变着城市社会的内部结构，最终分配社会权力的终端。这种后工业化的改造及其背后的全球化进程是现代城市具备同质性的基础。这种同质性不仅在全世界塑造都市的理想模式，同时在与每一个城市的交织中内化其传统、战略、文化与区域特征，从而构成城市独特的异质性结构。无论是传统的种族文化冲突，或者是社会极化带来的全新冲突，都是在城市的全新时空特点中进行的，这代表着一个城市的现代性活力所在。只要全球化仍在进行，这些冲突和异质性的生产就不会停歇，全球-地方关系与传统-现代关系在城市空间中反复重组。全球化本身就是技术的传播者，即经济社会极化的造就者之一。而地方与传统模式紧密相连，两者都在寻找着自身现代化的潜力以及争取城市空间中的区位优势。城市为这些话语提供了完整的表达方式以及庞大的活动空间，其中权力的重组与再分配从未停歇。

二、城市现代性

现代性与全球化密切相关，使全球-地方、传统-现代的二元模式在城市中得到了前所未有的扩张。这种变化是剧烈的，也是现代性不可分割的一部分。在阿道夫·德里克看来，用类似詹姆逊的

---

① 义军.西方社会学经典命题［M］.南昌：江西人民出版社，2008：285.

《单一的现代性》的"全球现代性"概念来描述城市现代性的状态再合适不过，它很明确地表达了这种现代性作为全球化推动的结果而存在，并且合理地解释了城市异质性生产的特殊性，从而使人们避免产生对全球化后果的无差别同质性的偏见。全球现代性意味着冲突、融合、同化与分裂，这些现代性的不同后果都是全球化的现实作用产生的，这充分考虑到了城市所具备的独特的历史或地域传统，而传统的全球化宏观范式显然是观察不到这一点的。

全球化满足了人们对于理想城市的期盼，随着后福特制的兴起，现代性在城市树立了一种统一的生存方式。在这个生存边界中，存在着多样的、传统的、时尚的以及异国风情的元素，城市容纳以及接受这些元素，这些观念和事实被纳入全球现代性本身的设置中。将城市现代性简单地当成是城市现代化的结果是不完整的，现代性的观念意味着一种城市空间结构和人们思维模式的普遍化，这种普遍化要求容纳原本大相径庭的时代要素，或者是将复杂的甚至毫不相关的异质性相整合。即使那些非现代化的遗留在这个过程中做出了妥协，甚至丧失掉了其历史的本质而沦为消费的象征符号，最终还是实现了关于自身历史的遗存。如果要将现代性与现代化的概念并置为一组，那么对于现代化的理解就绝不仅局限于产业、技术的更替，以及阶层与组织方式的变迁，而是应当涉及对历史的、全球的要素有机整合，解码其原本的主张，从而根植一种适当的现实性元素。这样，这些要素与现实的差异或者背反性就可以共同地被植入城市异质性的结构中。

同样的，都市在一百余年工业化浪潮中的飞速变迁，对原有的

既存空间结构和经济社会结构产生的影响，使那些遭受经济社会极化的阶层或群体逐渐失去了保护，更多的传统行业与文化就此丢失。这些异质性逐渐取代了种族、性别或者宗教的亚文化所带来的城市内部差异，同时，城市异质性也正在不断同化城市内部差异性。光鲜的现代商务区及其主人与共享每一座现代城市的人们，两者所爆发的冲突正是经济与技术上的弱势群体不断反抗的表现。现代性重构了传统的城市多元性，并且将其纳入自身创设的异质性结构中，这正是城市作为大熔炉交缠着各种异质性的原因，这是传统－现代与全球－地方的相互关联，而不是简单地用比例量化测算的现代化指标。

　　将城市作为载体来进行对全球现代性的理解意味着不能将全球现代性仅仅看作一种宏观的浪潮，同时不能看作是一个既定形态的事实。城市研究要求更多微观层面的文化研究，需将城市现代性看作一个不断延伸的过程。一方面，以后福特制为代表的城市后工业时代仅被提出了不到半个世纪，这期间城市仍在剧烈地转型变迁；另一方面，城市空间结构本身呈现一种动态平衡，受到不同权力模式的共同维持，而这些权力模式就潜藏于公共空间和生活方式中。现代性在城市中的自我扩散伴随着推动传统的再生产与外来的本土化。这样，所谓的传统就不再像以前那样作为现代的完全对立面而存在，同时全球的一定会对本土的构成本质性的冲击，冲击着保守主义的市场。城市现代性使这些对立面在有限的空间中激烈冲突和融合。在其中，任何要素都被允许存在，并且都有发展的权力，彼此或者互不干扰，或者产生交互，形成一种看似完全抛弃任何极权

的模式，甚至城市行政者无权干预的完全的民主形式。都市呈现的这样一种景观是实在的乌托邦，即是看得见摸得到的假象，又是隐藏权力的温床。

城市异质性成为现代性理所当然的产物，对此进行排斥或者抗拒就会被认为是集权主义或者反民主、反现代，这种观念已经逐渐演变成关于现代化的迷信。就算是容纳激进环保主义者或者反全球化主义者的民主城市，这种权力也被看作是现代社会理所应当的。资本主义模式成为发展拜物教中唯一的模式，而改良主义得到了几乎所有人的价值认可。在这种观念背景之下，现代性的后果与现代化的后果逐渐分离开来，现代化造就了大量矛盾与对立，而这些恰恰是现代性结构的二重性组成。尤其在 20 世纪 80 年代之后，城市去工业化的浪潮带动了支配性权力的流失，这些权力慢慢不再与文化和消费，社区和团体联系在一起，而是越来越退居幕后，不再过多介入公共空间。但是，我们一方面不能就此认为那些统筹城市秩序平衡的力量与其无关，另一方面需要更多关注不同城市空间的相互关系，正是这些地方性的要素在重构城市的文化语境以及带动城市社会的发展方向。我们在这里之所以不应用"现代化城市"或者"现代城市"而是应用"现代性城市"这样一种表述，正是因为作为城市发展典型的两个阶段："现代城市"表达现代化对城市的支配性占有，而"现代性城市"更多表达了现代性不同于现代化的一面，即多元异质性的表达。

晚近城市现代性既要具备全球－地方与传统－现代为代表的矛盾关系，同时要求我们观察到"现代化"转向"现代性"的城市权

力配置，以及由现代性创设的多元异质性成为在城市这一共同语境中的存在方式。城市现代性具备与宏观的现代性概念不同的特征，这些特征将传统的城市权力关系带入一种全新的语境中。

第一，城市是晚近现代性的重要策源地，推动这一进程的就是全球化。全球化作为现代性的重要成分将自身的结果纳入现代性的话语中，它摆脱了以国家作为分析单位的传统模式，将国界的划分转变为资本与技术流动的全球走势图。这样，技术、资本、教育与政治都随着这种进程而逐渐西方化。传统的宏观空间划分被这种流向冲垮并重组，而重组的直接结果，即作为全球化运动的节点，表现为全球化的现代城市。而这些城市被全球化冲击的结果，就是通过空间重组而确立的现代性模式。

全球化进程直接与消费文化对接，它最先影响的就是文化的集中生产地——城市，而非乡村。城市在现代国家的政治经济结构中处于核心地位，同时是不同空间最为集中的区域，这恰恰是不同时空关系发生冲突、融合与重组从而隐喻城市权力的前提。晚近现代性进程必须依赖后工业时代的组织方式作为基础。如果说现代性开端于工业革命，那么晚近现代性就发端于大都市的后工业乌托邦。城市现代性的形成与全球化并无先后关系，两者共同构成了当代都市。

第二，城市现代性重组了时空关系，使资本主义、支配性权力与政治融入了城市时空关系中。晚近现代性在宏观领域抛弃了传统现代化造成的社会断裂，为传统-现代以及本土-全球提供了融合的时空条件。现代性的时间共时性取代了欧洲现代中心主义的现代

辐散方式，同时改变了文化的历史纽带，成为摆脱传统现代化社会断裂弊端的主要模式。晚近现代性，即全球现代性，改变了传统现代化带来的社会发展的"零和模式"，并且使全球的、现代的、地方的、传统的结合在一起，这不仅适用于后起的新兴国家，同样可以用来解释发达国家的社会变迁。而城市作为这种晚近现代性进程的集中策源地，这些变迁就集中在城市空间中。

于是，无论是城市中的传统主义、民族主义或者地方保护主义，都在事实上无法拒绝城市全球现代性的进程。全球现代性的转变使其抗拒者所呼吁的事物保留了下来并且具有了新的生命力，这种转变的核心就是这些事物背后所代表的象征权力被抽离。

随着地区文化、习俗以及社会结构现代化，城市的空间结构也随之发生深刻的变化。这种趋势逐渐转变了以国家或者民族为核心的权力支配方式，而是直接介入到最明确表达政治、经济与文化变迁的城市中，人们更多地关注公共空间的秩序和规则，而非国家的政治取向，社会化的场域也从国家或民族层面上转向全球化与城市生活的层面上。城市现代性在全球化时代所构建的异质性结构改变了每个个体的权力影响机制，这些权力大部分不再凌驾于城市生活之上，而是沉默隐藏在喧哗的城市体验背后。在晚近现代性城市中，权力被视为一种现实性的、依附于民主的资本主义关系。晚近城市现代性对传统与地方异质性的容纳，使得城市形成了民主的空间关系，这些不同的政治、经济、文化空间在虚拟与现实中占据自身领地，并且在现代性民主制的依托下改造自我传统的权力关系，从而很大程度上消除了异质性的冲突或对立。

现代化的成果往往与从属传统的或者地方的异质性存在天然的对立，并且宣称自身是文明发展的唯一路径。在容纳诸多异质性的城市中，维持不同异质性及其独特权力模式的平衡本身就是传统现代化理论的批判者，这也是大都市通常被视为包容性强的文化熔炉的原因所在。这种事实背后隐藏的权力冲突的消解，意味着属于某种特殊文化模式的内在法则的权力系统从城市中消失，取而代之的则是一种与更多异质性相关联并且依附于资本主义的空间模式的权力关系。

一方面，城市现代性标志着现代化单一模式的终结，是推动原有现代化进程中现代意识形态权力垄断让渡的结果，并且标志着资本主义民主在城市领域形成了重组。另一方面，城市现代性可以被当作是资本主义权力的普遍化和隐喻化，在全球范围内，它将不同城市场域作为全球化的枢纽和核心，将传统的国家意识形态与政治权力大部分内化到各个城市中，而这些被改造的权力同样改造了城市的时空关系，这被当作是一种民主化进程。这种权力的二重性意味着资本主义权力模式发生深刻的变革，使得我们所产生的城市体验，包括消费主义、公共规则、新科层制以及对异质性文化的容纳，这些民主制的明显表征，实际上是城市现代性重构而成的时空结构，它必然将那些对于城市现代性结构的形成具有重要意义的要素融入其中，并且以包容异质性与规则上的一视同仁而自我标榜。传统现代化模式所倡导的西方化进程对传统和地方性的排斥以及所带来的冲突，说明了早期现代性构建上的单一性，这种单一性以强力的或支配性的排斥与规划为基础，城市并不是一个合适的场域，而是统

治的集中地。全球化使宏观政治的支配性权力转变为城市公共的非支配性权力，在时间线上正对应着西方后工业时代的经济模式与全新的民主化改革进程。

第三，城市现代性通过后工业化进程，构建梦幻乌托邦。后工业化的城市本身就意味着生产力与城市的脱离，人类基本需求的生产被排斥在城市之外。市场化浪潮和发达的服务业使市民感觉到更为重要的是全球化所带来的远在世界各地的商品，而不是城市近郊的农田和工厂，即使他们就在那里工作。城市的魅像集中于技术炫示和发达的服务业。在贝尔看来，"后工业社会的概念是一个广泛的概括，如果从五个方面，或五个组成部分来说明这个术语，它的意义就比较容易理解"①。这五个方面分别是"经济方面：从产品生产经济转变为服务性经济；职业分布：专业与技术人员阶级处于主导地位；中轴原理：理论知识处于中心地位，它是社会革新和制定政策的源泉；未来的方向：控制技术的发展，对技术进行鉴定；制定政策：创造新的'智能技术'"②。这五点的核心集中于城市，并且只有当它们散布在城市之中才使这种运动具备了可能。后工业社会的主要特征意味着城市是一个自给自足的体系，这并非意味着它包揽了三大产业甚至更多的活动，而是在于城市对于其居住者形成了这种稳定而封闭的生存范式，起码已经熔铸进城市自我维持的运行体系中。

---

① ［美］丹尼尔·贝尔.后工业社会的来临：对社会预测的一项探索［M］.高铦，等译.北京：新华出版社，1997：14.

② 文军.西方社会学经典命题［M］.南昌：江西人民出版社，2008：285.

不断扩大的消费数额，更新幅度越来越快的时尚以及越来越高效的交通系统和交通工具，城市被显示为一种极尽动态的环境。正是这种不断加速的循环，使得每个个体不得不选择一种趋于稳定的生存方式，就如同在烦琐的蛛网上找到属于自己的那条路径。城市的动态是针对整个城市视角而言的，而非针对身处其中的个体而言的。个体对于这种状态的适应造成了城市居民在高度分工下产生的原子化，他们并不关心与己无关的事情，从而对城市空间中的变迁和冲突形成制度化的接受。这种制度化，意味着一种交往模式的普遍形成，这扎根于城市现代性的空间关系中。互联网与无线通话的普及改造了信息传播的时空规则，由此变革的时空关系影响了社会交往的结构，人们足不出户就可以见到对方，通过网络了解甚至得到一切，构成自身的生活世界，从而人们的思维与行为模式发生变化。由此带来的另一种后果就是这种对个体交往空间的技术改造造成了传统信任模式的解除，陌生人社会则是一种形象的真实写照，人们的交流逐渐疏远，是因为交流中介越来越复杂并且程序繁多。

城市乌托邦是建立在后工业化社会基础上，以大都市为中心，一种具备丰富的物质资源、技术理性取代审美性的形态。技术创造了时尚的最基本层面，使时尚有着充分条件参与"造新"运动，在这个逻辑中，服装、首饰以及歌曲、口头语代表了一个阶段的大众潜意识，这种对潜意识的唤醒最容易构建时尚内容的象征性。

于是，时尚行动并不是受到典型的现代化进程而驱动，而是某种潜意识的价值引导，人们通过时尚所体验的自我解放则是象征性的通过服饰或歌曲一类的介质来完成，这样所带来的唯一的价值就

是经济利润,本质上这种更新毫无意义,但又在社会中不断创造虚假的意义,并且满足了现代性的某种压抑的解放,波德里亚将其称为"时尚或代码的仙境"。这种心理压抑释放的物化形式正进入现代化的轨道,激进主义者解放呼吁的行动就是物化成为时尚。不断转换文化形式来创造流行以增加文化的吸引力,这种吸引力不仅仅越来越以符号化呈现,同时在不断生产消费品,成为集物质资源与多元文化在内能够释放压抑的自由乌托邦。

大众将自我解放的追求转化成为对时尚的追求,流水线、大众消费和时尚生产的密切相关使得流行的象征符号具备了某种程度上的"美学价值",而"大众化"作为时尚的基础,意味着大众消费与"艺术"紧密连接起来。变幻的时尚符号形式背后的断裂使得任何有本质联系的权力不复存在,以这种消费为核心实践形式的直接后果就是大众精神乌托邦生产。现代性都市将自我建构成一种对欲望的不断满足和对个人解放的空洞追求,这创造了价值的物化,导致大众对自我个性解放的程式化与物化,同时秩序和价值的判断集中于城市的时空秩序,由此构建成都市大众自我感知的理想状态。

时尚的生产希望通过流行的大众消费浪潮将对时尚的需求嵌入到大众的价值需求当中,同时大众选择通过追逐时尚的消费为媒介达成自我压抑的解放,这两者之间的相互循环既完成了现代性多元异质性的程式化,同时对个体的潜意识解放进行了有效地再生产。大众的精神欲望从期望来自艺术、革命以及科学那里转化为用真实的话语表达自我,并且超越转化成为对仿真世界的依赖。

城市现代性在全球化的依托之下为城市场域建构了多元异质性

的合法性空间，在真正取代过去单一的现代化模式的同时，城市现代性借助流行与时尚将多元异质性融入消费空间，借此创造文化民主化的表征。从学院批量生产出来的设计师、画家和导演那里开始批量的生产时尚，这些时尚文化的象征意义都不尽相同，但都是流水线上的机器中将其转化为消费介质。作为象征价值载体的消费品不存在，时尚就无法存在。时尚依靠象征性得以循环，从而构成了资本主义的文化民主制，时尚的工业生产逐渐在大众生活中变得不可或缺。就如波德里亚所言，时尚消费的对象从工具性转变成为象征性。

　　这种取代意味着城市从生产集中地到服务集中地地位的变革，最简单的就是第三产业在城市中的获胜。在这种消费空间中，资本循环占据核心地位，而显示出来的表征则是文化多样性。现代性创造了消费社会，使生产成为构建消费乌托邦的一个环节。科学技术与人们对新潮时尚和标新立异的追求结合，通过普遍而快速的更新运动使城市成为消费世界与服务世界。工业产品的范围越来越大，文化产业、服务业这样的第三产业的形式都包含进工业生产的模式与结果中。时尚通过机械的方式流转，在全球化浪潮中，追逐某些特定的文化符号，成为值得标榜的行为。服务型经济远不止统计数据上所显示的第三产业的门类，活跃程度与生产总值的创造更多则是关于文化的控制。整个城市逐渐成为一种生产机器，在生产物质与服务需求的同时不断生产人们反复的消费关系。

　　然而，大都市仍旧令人们产生对于自由的向往。生活于大都市的现代人成长于典型的都市模式中，这些景观自始至终都对人们构

成潜意识的社会化。每一个现代人都认为自己是独立、自由且具备思想和判断力的个体,这就是都市乌托邦带给人们的幻想。他们明确表达自己的情感,并且将这些情感当作是反抗现代性的手段。而与此相反的事实是,欲望与需求正是这些丰富情感的衍生者。消费主义覆盖了人们欲望与需求的空间,从而通过商品支配现代人。这些情感萦绕于商品街的专卖店、商场与银行之间,从而不断对个体的潜意识产生压抑,使人类的本质情感异化为可以用物品测量的方式,而更多被压抑的潜意识只能通过表达时尚的象征符号被吐露出来,即使人们并不知道那代表着什么意思。

三、隐喻的产生

在本雅明看来,城市就像梦境一样,都藏匿着秘密的欲望和恐惧,并且都依据隐藏的规则来建构自身,这些规则同样带有欺骗性。这意味着现代性所创建的大都市乌托邦,即使人们看到了它的全部面貌,但对它的理解仍然像梦境中一样"接近梦游"。城市现代性所带来的强烈的欺骗性来自其时空关系的表征和其内部的权力关系的不一致。权力隐藏于现代性中,通过隐喻的模式重构着城市的时空关系。城市体验表现为图像、场所以及规则,这些要素形成和塑造了人们的公共空间以及生存规则,并且通过主客体相互形成的社会关系来反复重构城市的空间结构。而这些不可见的因素最终落实在物质层面则表现为大量规划功能不同的公共区域、标志性建筑、主干道,以及维护城市秩序而需要人们遵守的守则。人们直接

感官到这些事实，而实际仿佛如梦境一般，现代性城市的表征就是梦境乌托邦。

现代性大都市的亦真亦梦使得真正的规则游走于现实与虚拟之间。如果城市是一个生命体，支配其运转的是它的潜意识而非显意识，这些规则可显示为支配的或非支配的，它适应着不同的城市亚空间，这不是任何观察、记录或者数据分析可以观测到的。现代性仍旧是城市乌托邦的创造者，而其中看似不完美的冲突、对抗与妥协则是这个逻辑的一部分。这个乌托邦不仅仅使人们观察到诸多想象的表征，也使得城市本身能够稳定地生产这些表征。城市问题，尤其是大都市问题从不缺乏，从拾荒者到失业工人、交通拥堵与庞大的资源浪费等，作为现代性的后果，它比幻象更现实地剥夺人们的自由、机会以及民主，而现代性对空间的支配又使这些显得井然有序，并且使人们对此无动于衷。空间与现代性的结合生产出权力的隐喻，它们并未出声，使得人们觉得无比自由，但却无时不在枷锁之中。

对于现代性城市的权力隐喻性质的描述，将引导我们理解现代性民主城市中全新的时空框架，并且将话语意识形态、象征性这些非支配性的权力纳入资本主义统治的模式中。在这个层面上，文化符号、公共规则与社会关系作为不同的空间作用而参与重构，不同的异质性文化模式在这个改造中发生变迁，共同构成了城市现代性总体，即是由共存于现代性城市之中的权力载体及其所处的时空系统重构的统一体。

现代性城市容纳的多重权力载体之所以没有产生本质上的矛

盾，是因为这些权力模式在全新的城市空间之中既保留了原有的象征意义又改造了自身生产的强制模式。任何可能会与传统现代化产生冲突的权力模式，可能体现为任何文化模式或思维方式，都是在某种特定的话语背景之下产生的。作为权力生产的话语背景在现代性中已然得到重构，原有的生产框架已被抛弃。而我们在现代性背景之下观察到的这些文化表达，则是失去了传统语境的建构形式。

"形式"使区域性的或者传统性的权力模式作为传统现代化的对立面而成为城市现代性的重要部分。对历时性或者地方性的摆脱来源于与其对立的现代化本身，前现代权力模式得以建构的现实形式被资本主义的、民主的以及现代化的城市社会取代，与此对应的权力生产也随之被抛弃，随着传统被现代的解构而解构。一种权力模式的形式在当下看来可以是一种文化现象、信仰体系、行为习惯或者传统风俗，它们已经失去了现实的载体，而解构为一种权力表征。这些权力表征背后的生产方式并非是传统，而是现代性。这些形式背后隐藏的意识形态无疑是形式与实质割裂的结果，它呈现为权力模式内部的某种断裂以及现代性将其形式化程序的过程。在这个层面上，包括传统地域性与历史性的客体以及传统现代化模式权力在内的传统权力模式的形式，仅仅以自身外化的内容形式而表达，而其背后的权力支配、意识形态支配则是被现代性解构并重组，它们本质上与自身的表达相区别，但却与城市现代性的时空规则相一致。

当今的文化研究在考察都市文化变迁和生产的过程中，外显的

文化形式或者文化现象总是被关注的重点。这些客体并不是像其表达的那样参与城市现代性的构建，就如同人们购买十字架配饰的时尚消费意义远大于宗教意义，以及如同总是去信任商品电视广告所宣传的生活体验一样。表达传统的权力选择消失，剩余的只是表征为多元文化的物化，这些物化形式构成城市多元异质性的表象，并且将其原本的权力模式抛弃，取而代之的则是潜藏在这些多元性生产方式之下的暗流。

在此基础上，多元异质性的形式就从社会与历史条件建构而成的逻辑转变成为代表现代性多元象征性的逻辑。这种生产方式的改变导致了一系列城市现代性特有的异化形式：传统异化为形式嵌入到现代性文化结构之中，带来了社会视域与精神视域的转移。这些先前的生产方式都以现代性的方式共存于城市空间之中。这种现代性所主导的生产方式的改造必然同时容纳着现代化激进主义与传统生产方式的重构。

于是，现代性城市空间就这样完成系统性的建构，"现代"一词成为城市体验摆脱历史感的工具。"历史"只存在于我们关于文化与习俗的机械阐释之中，它与"现代"形成了事实上的断裂，历史仅仅作为形式而存在。在整个现代性城市之中，"历史""传统"与其他文化权力形式一样，都是作为多元象征性的形式而存在，这些不同文化的实践方式各不相同，但并不存在本质上的相互冲突，历史在其中并不是包容传统或者是过去的阐释形式。这种多元异质性的物化形式建立在城市现代性的自我封闭基础上，"现代"表现出与异质性的共存，实则是在用自身的实质代替其他阐释的生产逻辑，从

而产生的支配。就艾科所言"一般象征之与技术和生产系统的优越性，而在把这些技术和生产系统作为工具之前又必须将其作为符号组织起来"①

城市现代性中多元异质性的物化带来了形式与实质的分离，也就直接带来了多元异质性权力逻辑生成解构。在这个过程中，一种解构的逻辑与另一种被建构的逻辑相对立，后者取得了取代前者的超越性。我们今天探讨的多元文化是指某种形式或表征，而不是其背后的生产逻辑和权力关系。多元异质性自我的生产逻辑和权力关系的缺场，以及城市现代性为其生产的全新逻辑意味着我们视域中数量庞大的非现代标签的文化形式所包含的权力关系得到了根本重建，原有的权力关系被取代，新的权力关系为被城市现代性物化的对象服务。

隐喻化的权力就这样被生产出来，每一种异质性的背后总是贯穿着必然性的逻辑形式，文化权力对象的物化装饰出繁荣的乌托邦从而失去了其本质上的意义。全新的权力逻辑只有在物化前提下才能通过纯粹的物化客观性建立自身生产权力的主体。与前现代相比，权力不再以某种内容而出现，也不再经常通过某种支配性的形式直观地表达自身的内容，而是变成了通过某种现代的或非现代的多元化形式达成政治无意识的目的。这种权力的实践并不直观，而是潜藏在各种形式背后并与现代性城市的时空结构相连接，它的结果不

---

① ［美］弗雷德里克·詹姆逊.政治无意识：做为社会象征行为的叙事［M］.王逢振，陈永国，译.北京：中国社会科学出版社，1999：88.

是可以直观理解的，而是在人们通过表面话语的实践中，形成一种不可更改的专制主题。

小结

资本主义城市是一个独立、特殊而又与整个资本主义密切相关的场域。随着经济全球化浪潮卷入 21 世纪，城市越来越成为战略意义上的重点。在城市空间中，可见的不止是支配性的政治或资本运作，更多的还有身体化、符号化与象征性的非支配性权力。城市化的进程将越来越多的功能纳入到都市中，使个人与城市的依赖性日渐加深，并且使人与城市的关系发生深刻的变化。

作为现代性的结果，无论是占据全球中心地位的特大都市，还是一般发达国家中的中型城市，都在各个维度与世界有着密切的联系，它们都可以被理解为全球化城市。现代性赋予了人与城市全新的关系，以传统的国家或者民族为研究单元或者共同体的社会研究范式已经逐渐不适应当代城市中人们的身份认同了。全球化使得后工业社会的理念逐步走向现实，社会权力结构也随之发生变迁。资本家或政治家已经不再是社会权力的直接控制者，权力在城市中被让渡到多种形式中。全球化满足了人们对于理想城市的期盼，随着后福特制的兴起，现代性在城市中树立了一种统一的生存方式。

通过对作为一种载体的城市来理解全球现代性，不能只将全球现代性看作是一种宏观的浪潮，也不能看作是一个既定形态的事实。首先，以后福特制为代表的城市后工业时代仅被提出了不到半个世

纪，这期间城市仍在剧烈的转型变迁。其次，城市空间结构本身呈现一种动态平衡，受到不同权力模式的共同维持，而这些权力模式就潜藏于公共空间和生活方式中。因此，城市研究要求更多微观层面的文化研究，将城市现代性看作一个不断延伸的过程。

第一章

城市社会的权力结构：
一种政治地理学的视角

城市空间的分化作用在许多不同的层面上。事实上，一些城市居民能够接触到较好的设施和场所，而其他人却不能。从这个意义上讲，城市在空间上分化了。城市在社会层面上也是分化的，不同群体居住在不同的地区，于是一些地区具有失业率高和贫穷的特点，而其他地区可能成为富有的孤立区。另外，城市在象征意义上分化了，也就是说，城市根据我们是谁和我们需要、看重什么而承载不同的内涵和意义。这又根据种族、年龄、性别，以及社会、经济、文化等许多影响人们认知和体验世界的其他因素而有所变化。因此，城市政治既关乎人们能否以及如何在城市中展现自我，又关乎人们能否成功赢得他们需要和想要得到的资源。①

---

　　① ［英］史蒂夫·派尔，［英］克里斯托弗·布鲁克，［英］格里·穆尼.无法统驭的城市：秩序与失序［M］.张赫，高畅，等译.武汉：华中科技大学出版社，2016：169.

一、政治地理学权力分析的传统与现实

（一）分析传统

政治地理学通常被当作是研究空间与权力的相互生成关系的一种视角，这并不是纯粹地理学家的任务，而是政治研究者和"地理空间"这一概念研究者的主要任务。一般来说，政治地理学关注地理空间对政治秩序的影响，以及这种秩序对政治的启示。

"地缘政治"概念很明确地表达传统政治地理学的研究倾向。"国家"或者"政治实体"作为政治地理学的分析对象，被当作是"政治"的参与实体。这种研究范式是简单明了的，主要内容包括国家的国际关系、国家地理维度的内部权力关系，以及这些权力是如何在现实的空间中相互作用的，等等。

随着"政治空间"概念的主体不再被局限理解为国家或政治实体，尤其在第二次世界大战之后，西方社会与政治研究中中观与微观层次的兴起，以及公共空间的独立，更加宽层次、非具象化的空间概念被广泛应用。除去传统的地缘政治学、环境生态学和环境人类学等重视传统自然地理结构影响的社会科学，以及建立在政治经济学框架或者传统马克思主义的人文地理学的政治分析等之外，通过跳出明显的政治行动，进而探究一种分析空间中的权力内部关系及其生产的研究范式，已经成为公共领域研究转向中最为炙手可热的论题。从这个角度来说，在政治地理学视角的传统与现实之间，同时存在着两对典型的二元对立：一是权力模式的问题，即政治行动的与日常实践的；二是空间属性的问题，即具象空间的与抽象空间的，或者说是自然性的与建构性的。

（二）城市与权力的关系

在晚近现代性背景下，回答城市，尤其指大都市与权力的关系问题，就是将都市本身作为空间的限制，从而排除自然环境、国别甚至语种一类的特殊性，从纯粹现代性城市的一般状况出发，仅仅观察与城市本身关联的权力，在约翰·肖特那里称之为城市结构和社会权力的关系。其中，"城市结构"并不是指具有自然性的规划结构，也不单单指产业结构，而是指一种关于现代性的经验结构，而"社会权力"也绝非是社会机构或政治机构的权力，而是上面经验结构的支配性。在西方的大都市中，很容易看到五光十色的夜生活，或者高耸入云的中央商务区的摩天大楼的横截面，而不容易看到人们所谓"整体体验"或者"自由"一类的东西。这虽然不是放之四

海而皆准的标准模式，但从某种意义上解释了权力在城市之中的多种隐藏的可能性。

在列斐伏尔看来，城市是具有政治性的。如果以这个论断作为出发点，那么权力的主体将不仅仅是个人，还有城市。正是城市对权力的生产维持了城市空间的平衡，这里的城市可以被理解为一种宏观的、非个体的要素。

在近代工业社会中，工人阶级与资产阶级构成了大工厂城市中的主要矛盾，在此基础上构成了资本主义的生产关系，意识形态及其政治组织作为其中的工具维持城市空间的合法秩序。在晚近现代性的背景下，"城市结构"创造出的经验结构及其支配性成为城市政治的中心。城市通过这种方式生产权力，并且创造权力结构。

城市生产权力，这个论题是与资本主义密切相关的。城市是资本主义工业生产与文化生产的集中地，也是资本主义秩序自我规划的产物。它呈现在一种整体性和一致性的布局中，并且随着这种秩序的历史改变而改变，从而形成一种空间内部的政治经济学——人们从在空间中进行物品的生产这种形式逐渐过渡到对整个空间进行生产。

城市是权力的发生场域。对于大多数属于城市的表现形式和经验而言，权力的发生和运作依赖于城市提供的基本场域。城市是一个运动、流动、暂时性的空间，也是一种稳定性、制度化与相对平衡的结构。城市场域正在逐渐对地理空间和抽象的文化空间进行占有。一方面，这与业已形成的现代性体验相关；另一方面，则是与一种权力的支配结构相关。城市的权力活动主体并不仅限于政治家

或者政治实体。城市权力活动是由地理学结构、文化结构以及社会政治结构共同发生的。

权力是生产城市的结构。在约翰·肖特那里，城市是尼采的权力意志，这既代表城市本身容纳着权力机器，又代表城市本身就是权力机器的一部分。权威被嵌入到城市之中，街道布局、功能区、市政规划以及各种交通规则引导着市民的生活方式与行为模式，约束着人们的时间观念和空间感。城市作为一个复合结构，包括人文地理结构、社会政治结构以及文化叙事结构等，这些结构主导了不同的亚文化和潜在的支配模式。在城市发展史中形成了这一系列权力结构，这些结构反过来形成了现实的城市，即权力化的城市结构。

因而，城市的政治地理学部分包含了城市社会学、政治经济学、传播学与规划学、人文地理学等学科的学理资源，将空间、权力、文化与认同密切地关联起来，为研究城市权力提供独特的分析视角与概念框架。

（三）城市权力分析的主要概念

1. 权力与权力关系

空间的权力与权力关系是政治地理学研究的主要范畴。城市作为一种空间，是一种权力的运作方式，城市的权力关系是空间化的关系。在城市呈现的不同文化、阶层与资本的横剖面中，权力网络在不同资源中搭建。所以，不能把城市当作是一种利益的共同体或者同质性的资本集聚地。权力的相互交织使城市资本、管理和运行高度政治化。

后现代分析者对城市联系的多样性、开放性和复杂性的重视，使交织在其中的权力关系得以在社会冲突、资本运作和管理实践中被凸显。城市权力并不仅仅指管理者的政治行为，而是包含一切强制性、排他性或者象征性的主客支配关系的形式，城市权力的实践形成了对象化的权力关系。这样，在城市中不仅仅是"谁"拥有权力，或者被认为拥有权力。每个片段、横截面与时间段中的时空专门性都会产生不同的联系、冲突与支配。

2. 规模

规模是空间的基本属性之一。传统的空间规模呈现出二维化或者三维化的表象。全球的、国家的或者地域的，这是基于传统地理学基础的分类法。城市既可以被认知为一种人文地理学的区域划分，也可以被当作一种社会建构的结果。现代社会中人们无法从视觉层面描述一个现代城市的规模，这决定了城市的空间规模并不是纯粹现实性的。谈论城市的规模，更多的要将其当作现代性权力社会建构的发生范围，这与滕尼斯描述的共同体与社会的差异原则是相同的。政治地理学抛弃了"规模"在制图学专业中的技术用法，它并不想简单再现一种宏大的地理环境，而是着重于提供"垂直"系列的嵌套层次而存在。就城市研究而言，贫民窟与富人区、居住区与商务区等一系列不同的人文概念的空间范围提供了相互交缠的权力流动，并且划分了类似于交通指示牌或者居民区门禁系统的权力支配范围。

对于政治地理学而言，城市规模的意义在于其作为一种制度建构，也就是要在探究城市不同制度生产与传递权力的过程中思考权

力作为一种结果的意义范畴，而不是探究并不存在的现实边界。所以，将"规模"理解为一种城市权力的发生场域，将复杂、模糊且不同的权力关系纳入这种框架性的术语之中，有利于我们清楚地表达城市权力的空间概念。

3. 边界

城市的边界不是具象的。典型的边界广泛存在于城市之中，包括院墙、围墙或者分割线。这些边界鲜明地将空间划分为两个类型，可能是通过政治的、文化的甚至是军事的方式，使得边界内外呈现异质性，而且塑造一种权威。国界线、分割线与道路是最典型的边界，一般其两侧都存在明显的不平等或异质性，故而边界更多创造的是政治、文化、经济等方面的二元对立。在微观的空间中，边界被作为明确的象征性权威而存在，划分着不同的异质性以及规定着它们之间相互的支配关系。

城市的边界是城市规模的边界，这种边界本身也是动态的、被不断生产的、被不断赋值的。如果将城市规模的某一方面理解为一系列文化丛，那么边界的形式则更多是经验性的或者文化性的。在政治地理学中，边界并不仅仅区分实体空间，在宏观层面，全球化与网络时代带动了边界的模糊化，微观层面则表现在一个人的旅行记录、网络浏览记录与网购记录中。相比实体界限的秩序，这些失序逐渐被得到关注。与这些失序相伴随的城市的规制、经验与资本，同时冲击着边界的实践。福柯认为这属于明确权力主体的衰落，取而代之的则是与知识、经验联系在一起的日常权力的转移。权力依附在城市运行的各方面，它不仅仅是在

城市边界内外进行转移，同时在城市规模之内的不同文化丛中相互转移。

4. 日常实践

权力的相互传递与转移构成了城市的日常实践。城市中创造权力的对象可以成为实践主体，而且这无数的实践活动是伴随着权力流动而存在的。公共空间随着城市的"共和传统"而成为都市实践的主要场域，它既是一种权力发生的主要场域，也作为城市权力实践的结果而存在。用公共空间取代城市规模是不恰当的，这样就忽视了隐藏在有限城市边界内的权力生产，取而代之的则是整个现代性社会。城市的日常实践包含着大众在城市中的不同身份、阶级、角色的行动、大众媒体、消费活动以及大都市，为公众创造的整体体验的魅象，这其中有些关于集体生活、文化传播的部分可以用公共空间概念进行理解，但不能有效解释涉及"城市"作为一个物质性与非物质性的整体所产生的权力实践。

所以，城市的日常实践是城市权力的主要发生者与主要载体。除去政治家或政治实体的强制性规范，权力都依附且表现在日常实践中。城市日常实践的主体不仅包含个人、组织或某种流行现象，而应该包括城市边界内所有具备客体性并建构事实的形式。从"都市魅象"本身到街头的信号灯，从超市中的标价牌到街道旁的景观绿地，都属于这个形式。

二、作为宏观系统的现代性

（一）异质性的建立

现代性不仅仅激化了城市与乡村的异质性，同时在城市中培育了异质性的空间结构，现代性的基本特点正是城市异质空间产生的基本原因。关系、差异与空间分隔随着晚近现代性的侵入而逐渐复杂化，在伯吉斯的同心圆模型的基础上进一步层次化。显然，城市异质性并不仅仅是指规划区域的基本特征，一个社区单元内部绝非是稳定、同质且缺乏联系的，它始终会被另一个异质性所嵌套。对于城市的任何单元而言，它是同质的，也是异质的。

在史蒂夫·派尔看来，城市空间的异质性来源于内部与外部交叉建立的社会关系，所以从空间上考察社会关系，就可以探讨人们对城市空间的操纵。但是这种观点并没有解释作为对象的客体多重身份的异质性产生的原因。这在于以芝加哥学派为代表的城市空间观重点关注社区，而非现代性牢笼的结构，后者是与全球化与技术革命密切相关的。空间异质性不仅仅创造人或群体的社会关系，同时被不同的权力关系建构成为不同的规则系统，每一套规则系统都拥有自身的时空领域，人们就是在这样多重的时空关系中把握秩序。

城市内部异质性的表达方式是多重的，涵盖种族、性别、年龄、身份、资本等方面，它们之间呈现复杂、流动且多元的权力关联，并且不断再生产新的权力模式。它们以客体性共同构成于城市空间中，通过空间建构表现出异质性，并且建构着新的异质性。城市异质性呈现社会性、政治性与经济性多重面貌，表达为不平等、排他

行为与剥离感，或者构成权力中心，建构象征性或身份。个体的身份在业已存在的空间关系中构成，并且在时间上反复重构着空间关系。在城市中，对空间的利用、身份的划分以及社会互动都不断强化自身的异质性。

城市异质性伴随着主体的客体化与对象的主体化而不断强化，使之不仅仅简单地以各种资本形式的占有和支配表达。城市的权力结构构建了一系列独特的话语实践来刻画不同空间之间的相互关系和象征体验。不同的主体性构建于现实或虚拟的空间中，在此基础上产生差异化的权力关系。这些无法寻求明确边界以及难以分类的话语模式，并不能清晰地以量化的方式呈现，却是构成许多城市政策的前提。

权力就像毛细血管网络一样不断渗透到社会的各个领域，它们依附在不同的社会关系、资本流动、媒介与消费、象征符号之上，将许多本毫无关联的对象生产为异质性形态。都市的异质性并不是天然存在的，而是对象之间嵌套的权力关系建构而成的，这成为象征性或虚拟的权力对抗形成的基础。正如福柯而言，这种权力的网络也可以被理解为圆形监狱，它可以呈现为心理的、价值的或者物理上的，并且是在"多重城市空间里以多重复杂的方式建构起来的"①。在此基础上，物理性与心理性交织、象征性与客体性交织、现实与想象交织，不断形成新的日常实践的场域，并重构着城市的

---

① ［美］加里·布里奇，［英］索菲·沃森.城市概论［M］.陈剑峰，袁胜育，等译.桂林：漓江出版社，2015：274.

规模与边界。异质性与权力的关联建构了不同身份与政治，使得城市的地理空间完全不同于前现代的结构。

（二）地理空间虚拟性

虚拟与虚拟性的范畴在科技革命以来被逐渐确立。"虚拟城市"概念被认为是一个建立在数字信息技术基础上，形成非真实但似真实的、与真实相平行的环境。虚拟城市存在于电子计算机及其衍生品中，其客体性截然不同于现实的真实城市，但它包含了有关城市的结构、心理与体验的重要内容，并且是城市日常实践与权力生产的重要环节之一。因此，将虚拟城市作为一个独立于城市之外的实体或者仅仅考察其在技术层面上的功能是远远不够的。由技术建构的虚拟城市作为城市的一部分，逐渐演化成为"城市的虚拟性"。

城市的物理性构造与其虚拟性构造密切关联。现实的技术造就了城市生活方式的巨大变迁，重构了社会关系与社会体验，生产了全新的象征意义，改造了我们的理解方式，这些都属于城市的虚拟性部分。随着全新的物理构造与生产力的出现，结构、想象与经验相互交织形成新的权力关系，构建新的风景，建构全新的视觉体验。这些体验建构了全新的城市空间，包括虚拟空间内的日常实践，并且通过庞大的虚拟空间引导着城市阶层与资本的结构（频繁的互联网金融、网络商城和网络反馈平台就说明这个问题）。

在艾伦·莱瑟姆等看来，城市虚拟性包含三个层面并相互关联的特征：想象性虚拟、数字性虚拟和时间性虚拟。这三者可以简单理解为文化结构、技术结构与时间结构，或者可以理解为对象性的

文化背景形成的结构、技术形成的城市空间及其与现实空间的权力关系结构、被现代性时间支配的整体城市空间结构。

城市空间的多重性包含着城市结构与权力组合的一系列潜在的规则。思考城市空间同样需要将虚拟性和现实性的交互充分考虑，多元空间中真实性与虚拟性相互交织，虚拟性通过多种形式实现现实化，现实性同样参与到虚拟性规则的建构中。

艾伦·莱瑟姆认为，关于城市的记忆、话语描述与想象构成了对于城市的想象性虚拟，其核心在于城市体验的缺场性。无论是身临其境般的描述、图像还是简单的一般性指南，都能够构建出相对完整的想象形式，并且在观念的体验中被重构，从而构成对城市的信仰活动，如麦加或耶路撒冷的朝圣、华尔街上的白领或者香榭丽舍大街与奢侈品。这种虚拟涉及的特殊的时空关系同样作用于更加微观的现实环境，甚至可以抛弃现实的时空隔离，在在场的条件下形成想象性的时空隔离。这种环境（景观、建筑或场景）主要依赖特殊的文化意义或象征意义，以及通过媒介构成的表象与想象的互换。都市中充满着这样的单元，它可以在紧邻的空间中创造新的抽象时空模型，以满足人们对权力关系的诉求与多重身份的建构。

艾伦·莱瑟姆认为，以现代计算机技术为核心的信息技术建构了全新的虚拟空间，它的构成是数字性的，并且以全新的空间关系、空间体验以及政治影响展现出来。数字型虚拟不仅仅建造了嵌套于现实空间的网络数字空间，而且使得身处在空间中的体验结构以及与现实的关系发生了革命性的变化。数字型虚拟为多重空间的纵向叠加建立了前提，并且横向地与不同的文化体验相互交织与生产。

这种联系的方式混合了抽象与具象的属性，模糊了现实性与虚拟性的界限，建构起基于现代性的城市技术场域结构，并且不断在生产经验、关系与文化。在想象性虚拟空间中，数字技术同样可以利用这些联系使文化体验的想象在现实时空中再现，从而构成全新的技术实践模式。

艾伦·莱瑟姆认为，关于城市空间的历史、现实与未来可以纳入一种统一的时间结构中去。即使时间呈现一维性，关于过去或者设想未来的形式同样可以在意识、体验或媒介中存在，包括街边工地的效果图、城市规划的沙盘模型以及电视广告中的音乐与表情。这同样是现代性时间结构的重要特质：现实中原子化的时间序列建构着技术生产的基础，而想象性、历史感的时间体验则让渡了单纯的文化想象。这种二元时间的实践结构加速了城市空间的分裂，前者成为现实生产线上的实证主义，生产工业品的同时在生产单向度的人；后者则通过提供抽象的空间，混合想象性虚拟与技术性虚拟而建构不同的文化媒介或者身体体验，从而在媒体、艺术、设计与感受等方面创造虚拟空间及其结构。

我们关注的重点并不是虚拟化的过程，而是现代性带来的城市虚拟性的宏观结构。所以，艾伦·莱瑟姆等专注于体验，而笔者则专注于结构。与真实性相对，城市的虚拟性是在技术、物理空间与知识的交织下形成的，并且通过人们的体验结构与日常实践再生产。事实上，虚拟性的结构与体验是二重性的，虚拟空间的生产不断形成大众体验的内容。所谓的现实城市，正是虚拟性与现实性动态混合而成的综合体。城市的规模与边界在现实性与虚拟性之间不断地

重构，并且促进了城市空间的流动性与异质性，而这恰恰就是构成现代性城市的核心特征。

三、作为当事者的主体性

现代性秩序在城市中的建立意味着一种状况，传统意义上的主体和客体随着城市中权力的日常实践互相进入到对方的表达方式。作为主体的大众受到不同场域和政治习惯的支配，而具有客体性的城市物理组成，文化与流行以及空间结构也随之产生了支配性，并且主客体两者的相互融合共同参与建构了现代性的流动性。

典型的主体与客体关系被认为是支配与被支配的关系。现代性城市则以民主政治代替了意识形态的暴力，西方的大都市被认为是民主的集中空间：议会、政府、警察与公共空间建立了一系列非暴力的秩序。这表达了传统的主体暴力权力已经被隐藏的空间化的支配关系所代替，从而抛弃了传统意识形态政治统治的暴力极权方式，在卡斯特看来，这属于统治者与被统治者之间产生的合意。这样，传统的依赖于强力的意识形态垄断的阶级对立的城市将不复存在，取而代之的则是以中产阶级为主体的和平的区隔状态。

权力始终是存在的，并且渗透到了城市生活的各个方面。对于传统二元权力客体地位的补充，现代性重构了权力的实施者与受众的结构。随着城市中权力与权力关系的去政治化，权力被渗透到城市空间的其他场域中，并且隐含政治倾向。这样，每一个作为主体的人或作为客体的物理对象或者文化对象都可以作为权力的主体，

而它们在城市空间中时刻关联并产生权力关系。个人与群体、文化现象或者物理对象都具备了日常实践的主体性，也同样都作为客体在权力关系中处于被支配的地位。主体性在城市空间中被相互嵌套的权力所限制，超越了现代性的组织意识中的"合意"结果，成为建立空间结构权力共同体的一个环节。

现代性重构了城市结构，带来了不同的权力关系和交往形式，包括客体、客体的主体化、主体的客体化等，它们模糊了主客体之间的界限，从而使城市空间在流动性与确定性的交织中确立自身的形式并反复重构。其中的主客关系，正是从权力的实践意义上讲的。

（一）对象的主体化

现代性社会带给城市大众全新的价值体验，本质上是因为现代性重构了主体的身份，并且成为客体关系的纽带。客体，可以被当作工业产品、基础设施、文化与象征形式以及个体本身，自然联系在客体关系中逐渐让位于权力关系。空间作为城市权力运行的工具和场域，并不为任何一种单独的权力所占有。从时间维度上，现代性对每个客体的控制是渐进性的；从空间维度上，现代性对于客体则是一个侵入的过程。这就意味着一种新的时空关系的建立：现代性改造并控制了客体的实践方式与象征意义，并且使客体对象本身主动与权力产生关联。这样，客体的对象性之间关联的变化，延伸了客体本身单纯的功能性，使之成为空间权力结构的一部分。

全新的实践方式与象征意义使得新的对象性建立，它广泛存在于代表城市秩序的种种物理形态和文化形态中。客体的现代性在象

征性地延伸重构整个城市空间结构的过程中，传统的城市经济理性或者政治理性被分割成诸多的差异性。

对于基础设施与城市的物理构造的对象而言，对象的客观性依旧存在，并且保有客体的基本功能，但这些功能与客观性在不断生产着与自身相关联的权力形式。这在一定程度上改造了许多物理对象和文化对象的功能性关联，为可能无关的客体创造相互关联的可能性，从而构成新的空间结构。这一系列的可能性并不依赖于客观对象的物理特征，而是依赖于现代性本身对其的赋值。这种赋值既包括象征意义，也包括它在空间中的权力位置。客体对象之间每种新的关联都意味着现代性赋值的延伸，而现代性城市以及由此形成的空间结构正是无数象征性延伸的结果。

对于文化对象而言，面对城市历史以及文化习惯所带来的传统价值体系，现代性对于这些传统对象的改造，就是通过城市空间布局进行内部空间的重组，使之将任何对象纳入权力关系之中，使每一个客体都是现代性的客体，现代性与客体有着不可分割的联系。这同样是后福特时代城市复杂性的表征之一。

对于政治与意识形态的对象而言，传统的劳动力与性别分工体制以及家庭结构正在进行重新组合，这必须依赖于全新的意义，即对于城市空间的整体体验。无论分工、家庭或者阶级都不仅被资本主义资本积累的逻辑建构，也被所在城市的空间配置所建构。那么，客体只有经过自我表达的丧失，才可能被现代性从意义上重构。这个结果并不代表客体实际的客观意义，而是现代性外在及其关联的意义。

权力在反复关联与接受关联中重构自身，又将自身重构作为结果推动着权力关系交织，这就是它与前现代的客体关联的差异。客体对象在重构的过程中形成对象性，以此代替严苛分明的主客关系。这种在城市空间中的主客二重性，都是这种反复在现代性的关联中被重构的客体意义的一部分，不存在完全的客体，也就不存在权力的被动接受者。每个客体都作为权力运动的端点，客体的存在不再是被动的客观联系，而是具备对象性的主客二重性，这种权力实践方式称为对象的主体化。

（二）主体性的出让

现代性使对象与主体实践具有了政治属性，而不是单纯的表达媒介或基础设施。就现代性大都市本身而言，个人或群体作为传统的主体形式，在城市现代性中"流动空间"的肌体意义说明"身体经济"的兴起。在大都市中，身体就是空间权力关系的一个节点，从职业身份的辨别到城市的日常实践，以及流行的传播，都是如此。现代性使得人的主体性通过权力关系出让至客体对象中，使身体具有了对象性的形象。身体形象不仅逐渐商品化，更通过城市想象对内塑造理想的对象性模型。时尚成为塑造身体的典型机制，快时尚、古典主义与后现代设计相互交织，为人们提供身体化的身份建构。这些趋势都随着都市性向内聚合，由此完成了身体性的隐匿，以及城市空间对主体性的制约。

现代性空间的不可分割性意味着我们可以将现代性的方式看作考察权力的有效形式，权力也就成为主客体的媒介。这可以被当作是城市总体性形式的再现，它被分割成多种空间、意义或者身体的

模式，这些空间、意义或者身体就作为权力的媒介而存在，在城市空间中重新被定义。在这个过程中，主体被纳入包含某种权力特质的节段，但又有赖于现代性整体的形成。这些意义或价值或者通过空间的结构而去赋予，在这个过程中，人们"认同"过程被予以改造，他们发现无法有效反对资本主义或者阶级分化，其中，一部分人可能会因为对公共领域的激进态度而被大众媒介塑造成旗帜，但这些方式同样将他们制约在合理性的日常实践范围内，否则，各种消极人格就会受到理所当然的抨击。

主体和客体的关系是主动–被动的中立性。城市空间中客体化的主体与主体化的客体是交流性的，而交流本身具备多向性的特质。权力作为交流媒介而存在。权力关系本身就是与它的主体扭结在一起的，从而呈现一种模糊的主客关系，这其中维持着显性权力与隐性权力的平衡。对于城市的个人而言，任何人都可以生产和利用某种文化意指或者流行进行交流，这与传统互动模式的生产有着本质的区别，是一套基于现代性的节段表达，即"多元文化"的主要载体。在这种生活形态中会出现以下几个形式：

（1）身处现代性的都会（包含有多向性的交流途径、多元化的文化与流行、不断被赋予象征意义的符号）。

（2）观察到城市现象传播。

（3）体验不同城市空间的流动以及新空间的生产（包括抽象的、具体的，包含各种可能性的多元领域）。

（4）体验自身所处的位置（地理方位、空间选择、交流方向、实践方式）。

（5）选择交流的路线、内容、方法与意义并适应，从而形成适应。

在市场经济中，作为一种商品化的主体，身体被纳入"社会的象形文字"①体系中。身体作为一种商品是来自于它的可消费性，这种消费不是直接的、显在的，而是一种作为个体的人对于自身需要的空间的潜在关系，它的基础是人们对商品的选择不在商品的本质之内，而是商品的本质之外，身体与商品所建立的关系是建构生活世界的一种权力关系。从某种意义上，人们对于实物商品的购买选择，实际上是对于建立权力关系的消费。商品客体的外在是充斥着被现代性制造的图像和社会关系的象征。所以，无论是消费、流行文化或者公共参与，不同的实践模式不能与支配了各种具体对象背后的空间结构分裂开来。如果说主体对象性的实践是空间自我建构拉扯的结果，那么实践对象就超越了自身的场域，成为生产者甚至主体本身。在权力和社会关系中限制和控制个体的话语以及个体在时空实践中反抗，围绕已有的实践形式而向个体输送价值，这既是对象的主体化，对于个体也是完成了主体性的出让。

城市本身作为主客体进行交流的场景而存在。不断变化的商品、阶级与城市风景统治着新的时空和价值。作为一种抽象的商品，主体性无时不刻不被现代性所转移，在不断地被人们通过现代性所转移。"人"与"物"之间的关系网络不断处于循环中，社会关系在其中被建构，社会权力在其中被投入，两者同时具备主体性，也同时

---

① ［美］W. J. T. 米切尔. 风景与权力［M］. 杨丽，万信琼，译. 南京：译林出版社，2014：16.

具备对象性。这种关系不仅生产着"看起来具有自己的生命"①的客体，也在主体中不断积累时空惯习。在怀特海那里，空间是被属性，而非实体建构起来的。不同的主体和主体性构成在多样化的城市空间中，利用多重的日常实践塑造着城市主体以及城市空间的象征性。正如列斐伏尔所描述的：

　　更为重要的是，群体、阶级或者阶级分裂不能构成它们本身或者互相认同为"主体"，除非他们能够生产出一种空间。思想、表征或者价值观如果不能有效的在空间中获得应有的地位，并因此生产出一种合适的形态，就将失去它所有的精髓，成为纯粹的符号，流于抽象的表达之中，或者异化成为一种幻想。②

（三）身体与主体性

人们在城市的多重空间中具有被建构成多重身份的客体性。同时，这些客体性的身份在不断重构着城市的时空构造。城市中的不同空间支持着不同形式的权力流，并且制约着本场域的话语实践和公共秩序，以及通过时间的流动切换互动状态，从而构成多样化的城市。

———————————

① ［美］戴维·哈维.正义、自然和差异地理学［M］.胡大平，译.上海：上海人民出版社，2015：266.

② Lefebvre. *The Production of Space*［M］.Oxford：Blackwell Publishing，1991：16.

现代性条件下，身体是被多重时空条件塑造而成的。它不仅在城市权力政治的制约下，同时是权力关系的主要枢纽，其中身体体现了主体性和客体性的双重特征。"身体"概念本身就蕴含着现实的客体性的潜质，并且通过现实性行为得以体现。在此，探讨身体与主体性的关系就成为重点。

第一，在都市中，身体为空间所建构，并且生产一系列的行为过程。这点在异质性强的政治空间中表现得尤为明显：阶级、性别、职业、种族与政治身份很大程度上建构着身体表现力及其途径，也就划分了这些身体表现所依附的权力关系与经验形式。我们可以看到，许多职业的工作环境被打上明显的男性烙印，而有些行为的标准被认为只适合于女性。这种身体化的权力制约人的主体性发挥，使得主体行为成为权力关系的附庸。

第二，身体是监控的重要对象。作为城市社会权力的重要形式，监控在各种空间普遍存在。城市的治安管理系统作为最明显的形式，为个体提供行动的安全感，从而维持主体性发生的秩序。相比之下，传统的监控形式由量化的指标决定，诸如媒体空间由视觉等感官方式俘获，消费习惯则通过大数据得以精确瞄准，通过虚构空间的权力系统保证并限制人的主体性。监控不仅持续观察身体的行动形态，而且本身也纳入身体在日常实践的相互关系中。就此而言，城市的监控为身体提供了行动的秩序以及选择。身体成为一系列政治技巧和策略的实施对象，这些技巧和策略试图以各种特殊的形式来调整并影响身体，这些形式建立在身体从属的特殊空间形式之上。个体的日常实践看起来是自由的，实则受到了其所处的空间

规划的干扰。

第三，身体以多种方式进行时空再生产。作为身体主体性最为强烈的一面，主体性作为建构者依赖身体的意义与地位，同时通过自身的行为创造时空相对性。人们对秩序的接受与生产依赖于自身的身份与行为。主体的行为行动面临时空秩序的选择，位置、时间段、场所与习惯都在不断改变其所处时空的实践形式。城市中有些路段对于大型货车或者工业车辆是限时限行的，街角的信号灯则是对所有车辆和行人如此；游戏厅有些项目投一元可以玩十分钟；百货大楼晚上十点停止营业，其中走出的人中，穿着随意的年轻人可能是学生或者自由职业者，而白领们多是西装革履。这些流动的属性被主体行为完成，并且形成围绕时空秩序的规则。诚然它们属于已制定好的规则体系，但不同的身份对于这些时空秩序的规则而言意义与价值全然不同。城市空间的规则不仅容纳多重身份的个体，也容纳在某一场域中身份不同且具备强烈异质性的群体。所以，从单一主体性而言，身体的时空建构是有规则的，而在大众意义上，身体承担着多重空间权力关系的选择与分化。

批判理论家认为西方启蒙是以另外一种潜在的方式取代了上帝，成为权能的实际掌控者，这不仅仅是启蒙理性的结果，更渗透到了生活的方方面面。理性化压抑了作为个体的主体性，使之在已形成的环境中驯服。知识与技术的紧密相关使得人造物具备了力量，理性及其创造物解放了神学与迷信，接着走向了自我神化的辩证。

作为现代性的策源地与集中地，城市的理性成果在其中得到淋漓尽致的张显。作为人类支配世界的重要成果，城市已经形成一种

统治策略布阵，生产无数的权力结构和空间场域，使全新的权力在不同的主体与结构中得以应用。

康德认为，主体要接受自身理性的指导，从而树立关于道德的自我规则，即道德律令。道德律令是纯粹形式性的，是理性自我的产物，无法从客体对象中得到，所以自我的主体包含在另一个自我主体中。在霍克海默和阿多诺看来，自律的主体是存在的，且取决于自身的律令形式。随着现代性对社会世界的侵入，城市中不同空间生产的权力关系具备了主体性，身体仅作为具备主体性的一部分而存在。自律的主体范畴同样得到外延，在强制性的道德律令形式下，人在城市中仍旧处于不同秩序的约束之下。与康德的观点不同的是，道德律令不仅受到人们内心理性的支配，更受到内心之外的现代性城市的合理性支配。理性的律令从城市空间的约束中得出，从而限制主体自我规则的建构。

所以，用"主体性"代替"行动者"与结构对立意味着拥有主体性的既可能是人也可能是物化的客体，从而代替以行动者为代表的传统政治权力模式。权力的类型发生新的变化，主客关系逐渐模糊，权力关系的多样化等，使之拥有了全新的性质。

多琳·马西在《Living in Wythenshawp》①中生动地演绎他所居住的社区中的权力与斗争，阐明了"上帝"就在城市、在社区、在每一个人身边。这种现代性所建构的模式完全摆脱了传统社会的支配

---

① Massey, D. 1999. Living in Wythenshawe. in Borden, I., Kerr, J., Pivaro, A. & Rendell, J. (eds.). *The Unknown City*.Cambridge, Mass: MIT Press.

与被支配的对立关系，使权力的分配变得更加多元与分化。权力可能存在于不同的主体中，无所谓支配者或者被支配者，并且这些主体变化多样，构成了权力运作的不同方式。

　　静态的权力观念倾向于将权力解释为占有者对被剥夺者的支配。这种支配通常伴随着暴力与强制的形式——法律、强力政治、武装力量与严苛的规则，它们很容易被二元对立的结构观察和分析。在马克思的阶级斗争观点中，资本分化阶级，阶级通过资本分化权力，从而形成具备强烈异质性的城市阶级结构，在此基础上，通过对上层建筑的支配来设计关于阶级统治的城市规则体系。从涂尔干的角度，分工成为城市权力分化的核心要素，尤其是在达到有机团结的城市社会中，分工本身就是权力行使的纽带。但涂尔干的原始表述并没有过多关于权力强制力的观点，而更多的是基于平等分工的框架。对于韦伯而言，城市的权力由提供支配性的机制来生产，它既可能是机构本身，也可能是行使权力的主体。所以在传统社会学看来，城市权力必定需要一个占有者以形成支配的主体构建关于权力支配的二元关系。

　　现代性城市的复杂权力结构衍生出与传统不同的分析模型。城市社会的权力不仅显示于这种支配与被支配的二元关系中，更多的是内化在主客关系中。这些主客关系不仅存在自我属性的相互转化，同时在反复生产着不同的社会关系，并且建构这些社会关系的物质结构。这种关于分散的权力生产的观点，恰好能够解释现代性城市失去明确权力支配中心的结构的原因，并且能够在微观层面对每个特殊群体、特殊事实或者政治的、日常的行为作出关联权力力量的

解释。

所以，在福柯那里，权力作为生产者不是作为支配的理由而存在，而是作为连接不同异质性之间的关系而存在。所以，权力呈现为关系的形式，而非支配与被支配的二元形式。关系在一定的支持下不断运作而改变，并且形成发挥作用的策略以及常态化的规则。在此基础上，现代性的城市权力呈现为以下几种典型的类型。

1. 排他性

城市权力模式与城市治理模式不同，在权力拥有的主体来看，后者充其量从属于前者，这种排他性的权力模式更多是继承传统的政治治理体系。这些权力并没有形成"毛细血管"，而是具备中心的骨骼结构。这种形式保有了支配和被支配的权力占有形式，而且仅存在城市的政治功能中，大部分权力仍旧被让渡于社会。在政治统治的领域，研究者仍然在不停地思考统治者和统治方式，这意味着政治手段仍然在关乎个人、群体、资源或者规划的问题上占据主导地位。城市居民通过不同的政治方式将个体权力汇总到行政机构，以获得关于社会公正和社会安全的保证，使得权力集中于政府，形成排他性的权力，即传统意义上的支配性权力。

政府或是权力机构永远是被关注的中心，人们最容易从其中感受到权力。权力的主体被认为是资产阶级的精英阶层，它们构成了城市政治决策者的主体。由此，争论也集中于精英阶层释放权力的形式——精英的集中共识还是资本集团相互博弈，这仍然备受争论。解决争论的关键在于对城市政治持政治无涉的观点，这看似受到市长、委员会等的权力平衡系统影响，也确实在政治实践中呈现声望、

斗争的二元性现实，然而权力的所有者集中于资本的所有者手中，这是排他性成立的前提。

在晚近的批判视域当中，对行政权力的理解正逐渐被淡化，这由于资本与金融力量对城市政治的把持，使得政治统治本身趋向于社会服务化，这种转型越来越强调公共空间秩序的自我生产以及社区自治。因此，城市政治权利被关注的焦点通常集中在福利体系、女性的政治地位以及区域规划等方面。这种自由主义转向很大程度上被认为是政治领域资本主义统治去阶级化的表征，从而在并不热衷于政治的中产阶级中得到道德上的优势，使城市政治的排他性权力的干预在与社区或者公共空间联系起来时，被民众潜在地用"支持""价值无涉"这样的连接词，而非"干预""介入"或者"冲突"。这种观念不仅是对排他性权力的忽视，同时是这种权力应用的结果。

排他性权力意味着某种形式的政治塑形。权力并非是直接使民众感到被支配，这是后工业时代变迁的城市政治的一个结果，意味着城市设施各方面职能的重新分配。消费主义和公民社会正不断促使着城市建立新的平等的空间化关系，以取代以政治支配为核心的权力空间关系。排他性权力更多的退居幕后，成为城市消费与民主意识形态的生产者，而非直接控制者，充斥在个体行动的公共空间中。由于资本混杂在行动中，使得行政权力的触角逐渐退缩，对于减少行政干预、转向公共服务、关注更加宏观的可持续发展的行政力量来说，排他性权力正在逐渐成为一种针对城市的调控策略。它不仅是新自由主义浪潮的反映，同时与城市中产阶级的兴起密不可

分。排他性权力所塑形的空间中，支配与被支配二元关系的隐藏也成为一种新的规训。

2.关系性

关系性的权力类型集中于更值得细腻分析的公民社会中。政治权力所构建的伙伴关系与合作关系使许多交往性的动机得以出现，这并不仅为了获得经济利益或者政治利益，而且在权力的拥有与行驶中与其对象产生了明显的依赖性。这种权力模式不仅依靠双方的存在，而且依赖双方的共谋。

空间的秩序意味着某种情境中一系列关系的建立，这些关系是传递权力的基础。在现代性城市空间中，关系双方的主客体的意义互相进入到对方的话语体系中，并且这两者相互融合共同参与空间秩序的建构。典型的主体与客体关系的消失伴随着这两者关系的变更，这表达出了传统的主体暴力权力已经被纳入每个主客二重性的亚主体的相互关系中，从而失去了暴力产生的基础，即主客在认同上的二元对立。权力因此被纳入两者的关系中，而不是一者对另一者的强制。

在这个基础上，排他性权力在空间内部很少出现，这种权力所产生的明显的隔绝与不平等也很少表现出来。对于强力接受者这样一种客体地位的补充，双方建立主客关系的实践失去了权力与抵抗这样一种二元对立的基础的同时，不平等的划分标准也随之成了一系列全新的模式。

工业时代整体来说是意识形态激烈对抗的时代，作为意识形态主体的资本主义开始在全球范围内扩张，直到20世纪中晚期，意识

形态的权力始终受到明显的怀疑主义诘难。这其中包括权力的限制问题，被看作是由统治者和被统治者之间的社会契约来实现合法化，这种社会契约被潜在的当作是资本主义意识形态强力合法性的来源。在后工业时代，随着自我与他者在主体的客体化和客体的主体化的亚主体系统的形成中，一种新的历史和自然的体系得到了重构。权力向合法化的转变正是"合意"过程中的一个有机部分，它代表了个体与权力之间关系的平等化，至少表面上个体拥有了权力，可以任意建构话语，但得建立在意识形态的暴力已经消逝的背景之下。确定性的消除意味着晚近现代性关于任何问题的解决方案的偶然性和不确定性，这意味着它的背景并没有基于被权威要求的主线，这种无秩序正是风景系统的主要秩序特征。

这就是风景系统企图表现的形式，包括风景本身在内的权威都隐藏在公共领域中，而不再以权威为形式表达话语。话语同样被一种总体性的体验所取代，所形成的公共话语的背景正是个体关于风景的体验。这种关于权威和话语的形式是不为人所知的，体现在风景之中就是表现为公共话语的不确定性，这就意味着"处于现代性交往形式核心的是一种空虚的经验"①，这正是代表主客二元性的经验被总体性的风景体验取代的结果。

哈贝马斯的理论表达了关于交往在现代性中的重要地位，而公共话语正是在交往中形成的。前面说过交往由于风景系统的亚主体

---

① ［英］杰拉德·德兰蒂. 现代性与后现代性：知识，权力与自我［M］. 李瑞华，译. 北京：商务印书馆，2012：4.

化而导致的不确定性的存在，表示着意识形态为核心的二元权威话语的不复存在。这样，现代性之下的民主作为一个被建构时空中的现代体验得到了非常充分的表达，这种具体的实践形式对于极权主义进行彻底的否定，从而进入极权的对立面，这意味着意识形态对于社会和政治的强制的融入形式的抛弃，取而代之的则是公共空间不确定性话语的漫流。

这个空间就不会被某种刻意的权力所充斥，起码看起来是这样。信息时代的重要特征就是信息传播方式的多元化，往往这些方式的重要性超过本身的内容，甚至成为内容的塑造者。客体的主体化意味着可以进行意义的选择，这就是波斯特所说的"意义的去中心化"，这种说法来源于现代性风景流动对意义不确定性的塑造，客体的本质则处在压抑之中藏而不露。

这就意味着一种以风景为核心的特定的问题，是关于话语、权威和主体性相关的论题。这种从意识形态到现代性风景的转变的运动可以看作是从主客二元对立到亚主体形成的过程，这首先意味着一种权威到体验的转变，也是一种围绕自我的转变，其次意味着一种时空建构对公共空间的"民主化"，最后则是一种话语隐喻的内在化。这就形成了一种全新的规则，它不是政治性的或者社会性的，而是作为一种风景存在，并在这个被权力的转变所创生的虚构空间中出现了全新的框架。

3. 象征性

象征性的权力模式存在于现代性渗透的各个环节，并且构成某种意义建构者的日常实践，同时是分化并形成多重空间结构的重要

方式。它们以物质的或者文化的形式普及，并且渗透于生活与日常现象中，在不同的空间中构成不同的象征符号，从而实现某种空间效应，影响着人们的价值、消费、政治行为与偏好，它们大至文化运动与政治呼吁，小至一般性的资源配置与个人习惯等。它们更多以潜意识认同以及城市空间结构的预设性形塑着个体的定势，将城市空间的实践结果先验化，对于城市空间秩序的运作进而进行阶级阶层的区分都具有重要作用。

后工业社会的发展一方面意味着消费者与消费社会的兴起，另一方面表明了经济发展的服务化，即经济发展本身与人类生活和行为的日常世界联系得越来越紧密。服务行业的兴起是宏观经济与个体连接最为密切的领域，消费者与生产者关于时尚和流行的互动频率越来越快，在这种加速的流动背后反映了关于服务日趋的符号化。我们认为这些后工业时代的文化和服务产品并没有属于自身的价值，这样对于光怪陆离后工业时代表象来说，最为重要的就是这些构成空间内容物的符号化。

对于齐美尔来说，客体之间的关系是日益加速流通的，并且与主体产生紧密的关系。这种相互作用从传统时代、工业时代到后工业时代速度不断地多元化而且加速，这种情形之下主体的意义将逐渐被掏空，反过来这也是主体客体化的一种表现形式。

主体和客体不断加速流通，将主体和客体本身的结构逐渐扭曲，使得主客体逐渐拥有对方的二重性。在吉登斯看来，"时空远离"意味着时空越来越抽象于现实生活，人和物由此被时空"解嵌"出来。吉登斯通过时空原理来实现现代化的理论，更为重要的是他描述工业时代到后工业时代时空结构的某种变化。一种价值空虚的空间是各种产品的客体不断自由运动的前提，这种运动的结果就是关于风景的结构的建立。产品这个定义将前现代一切的原生物的意义进行了虚无化，情感与价值在这里成为流通的内容，即作为符号流通的不同表征。这正是鲍德里亚所说的关于客体的危机，意味着关于产品的使用价值是危机的根源。意义随着使用价值占据支配地位，客体本身就有一种主体化的过程，即前面说的意义在现代性的延伸中被客体抛离。这里阐述的中心论点是：随着造新运动的持续，客体内在价值本身在其内部空间中与其象征符号分离，随着象征符号被纳入符号体系中，产品或客体实现了无价值化，而符号实现了对客体本身的虚构。

在鲍德里亚那里，交换价值是使用价值的拟像，这是指没有原物的拷贝，意味着价值与客体的分离。当客体主要以使用价值取得资格的时候，它已经失去意义，失去其具体而特殊的基础，也就是说它没有实在意义上的独立本质。进一步来说，作为"拟像"的符号价值在后工业时代中将客体全部的基础彻底抛离，完成了对象征符号内容的解除。在这个前提之下，物质内容被彻底解除的象征符号在不断地造新运动中被反复地生产。生产的主体已经从客体本身变成了象征符号。这意味着关于符号的空间和关于客体的空间的分离，这被我们认为是客体的主体化过程，实际是伴随着虚拟的象征符号的客体主体化，包含真实内容的客体进一步碎片化。这样，在整个生产与消费制度环境中，碎片化的客体提供了关于产品的内容，而象征符号提供了虚无化的价值，这两者构成了晚近客体的二重性。

这个象征符号对于客体的空间分离造成的空间虚构正是以拟像为表现的。

拟像意味着意义的丧失，客体时空建构的原始价值被这种空间的虚构所分离，现实经验空间结构也在为这种后果所形塑。一方面，主体性的丧失意味着纯粹的实证主义或者理性主义在行动中或者选择中占据支配地位，所谓的本质的划分完全要依照功能主义的指标，并且这种倾向已经构成了一种文化逻辑；另一方面，对本质的抛离使得象征符号的抽象性无所凭借，给了它们在城市或者乡村空间的应用上对于垄断的掩藏和显秩序的摧毁，"要摧毁作为最后定向点的这些栅格，留下一个非定向、令人头晕眼花的空间"①。

小结

政治地理学通常被当作研究空间与权力的相互生成关系的一种视角，这样的视角研究并不是纯粹地理学家的任务，而是政治研究者和"地理空间"这一概念研究者的主要任务。尤其在第二次世界大战之后，西方社会与政治研究中中观与微观层次的兴起，以及公共空间的独立，更加宽层次、非具象化的空间概念被广泛的应用。

在晚近现代性背景下，回答城市，尤其指大都市与权力的关系

---

① ［英］斯科特·拉什，［英］约翰·厄里. 符号经济与空间经济［M］. 王之光，商正，译. 北京：商务印书馆，2006：23.

问题，就是将都市本身作为空间的限制，从而排除自然环境、国别甚至语种一类的特殊性，从纯粹现代性城市的一般状况出发，仅仅观察与城市本身关联的权力。在晚近现代性的背景下，"城市结构"创造出的经验结构及其支配性成为了城市政治的中心。城市通过这种方式生产权力，并且创造权力结构。

现代性不仅激化了城市与乡村的异质性，同时在城市中培育了异质性的空间结构。现代性的基本特点正是城市异质空间产生的基本原因，城市内部异质性的表达方式是多重的，涵盖种族、性别、年龄、身份、资本等方面，它们之间呈现复杂、流动且多元的权力关联，并且不断再生产新的权力模式。

"虚拟城市"概念被认为是一个建立在数字信息技术基础上，形成非真实但似真实的与真实相平行的环境。现实的技术造就了城市生活方式的巨大变迁，重构了社会关系与社会体验，生产了全新的象征意义，改造了我们以往的理解方式，这些都属于城市的虚拟性部分。我们研究关注的重点并不是虚拟化的过程，而是现代性带来的城市虚拟性的宏观结构。

典型的主体与客体关系通常被认为是支配与被支配的关系，现代性城市则以民主政治代替了意识形态的暴力。这表达了传统的主体暴力权力已经被隐藏的空间化的支配关系所代替。权力始终是存在的，并且渗透到了城市生活的各个方面。对于传统二元权力客体地位的补充，现代性重构了权力的实施者与受众的结构。现代性重构了城市结构，带来了不同的权力关系和交往形式。

现代性使对象与主体实践具有了政治属性，而不是单纯的表达

媒介或基础设施。这可以被当作城市总体性形式的再现，它被分割成多种空间、意义或者身体的模式，这些空间、意义或者身体作为权力的媒介而存在，在城市空间中重新被定义。

人们在城市的多重空间中被建构成客体性的多重身份，同时，这些客体性的身份在不断重构着城市的时空构造。首先，在都市中，身体为空间所建构，并且生产一系列的行为过程；其次，身体是监控的重要对象；最后，身体以多种方式进行时空再生产。

现代性城市的复杂权力结构衍生出与传统不同的分析模型。现代性的城市权力呈现为几种典型的类型。第一，排他性的权力类型，这种排他性的权力模式更多是继承传统的政治治理体系；第二，关系性的权力类型，关系性的权力类型集中于更值得细腻分析的公民社会；第三，象征性的权力类型，象征性的权力模式存在于现代性渗透的各个环节。

第二章

———

城市研究的马克思主义传统

马克思主义的中心理论主张的是，它拥有能力描绘辩证法两端的内容，在它对结构的详述中，通过生产方式的概念工具和历史工具，通过将阶级形成和阶级确定为能动性的枢纽。马克思主义面临的首要挑战是论证和说明这些选择，提出在理论和实践上如何在这些目标之间穿梭。①

---

　　① ［美］艾拉·卡茨纳尔逊.马克思主义与城市［M］.王爱松，译.南京：江苏教育出版社，2013：55.

马克思与恩格斯本人对于城市本身的研究着墨不多，但马克思主义天然具有城市研究的独特视角和潜力。传统马克思主义的结构框架针对的是阶级社会，其潜在背景就是城市化业已完成的工业社会。马克思主义关于资本、阶级与资本主义形态的论述，无疑为城市空间研究开辟了新的领域，同时，马克思主义者对于世界历史的描述，同样也为城市时间体系赋形。这种充满活力的大综合视角并不会放过任何新形成的空间，因为在其中形成的是资本主义最新式的阶级结构与权力关系。

城市研究本身就是普遍性和特殊性的统一。城市结构之中可以轻易探究出唯物辩证法的对立关系：边缘－中心、全球－地方、传统－现代这样的二元范畴聚集在城市整体中。我们进行城市研究的背景本身就是基于资本主义世界体系与全球化的关系上。同样，在工人阶级意识与阶级行动的实践中，城市空间的结构起到至关重要

的作用，社区、邻里与阶级关系都制约着这些行动的效果好坏。即使现代性一词在 19 世纪还没有出现，但现代大都会的结构、规训与体验已经成为现代世界研究的主题，或者说，现如今城市研究中的阶级阶层、实践观念以及权力批判，本身就是马克思主义研究传统的延续。恩格斯早在 1844 年说：

> 因为这些大城市的工业和商业发展得最充分，所以这种发展对无产阶级造成的后果在这里也表现得最明显。在这里，财产的集中达到极点；在这里，美好的旧时代的习俗和关系最彻底地被摧毁；在这里，人们已经走得这样远，以致连美好的老英国这个名称也变得无法想象了，因为老英国甚至在祖父母的回忆和故事中也听不到了。在这里，只有一个富有的阶级和一个贫穷的阶级，因为小资产阶级一天天地消失着。小资产阶级，这个过去最稳定的阶级，现在成了最不稳定的阶级。他们是旧时代的少数残余和一些渴望发财的人，十足的实业投机家和投机商，其中或许有一个人可以致富，但同时会有九十九个人破产，而这九十九个人中一多半只是靠破产生存。①

这段话不仅阐明了马克思主义的理论核心，同时将不同生产方式造成的阶级分化整合在城市中，并且明确阐释了现代初期的资本

---

① 韦建桦.马克思恩格斯文集（第一卷）[M].北京：人民出版社，2009：407.

主义城市的状况。阶级分化是城市研究的重要主体，也是判定城市结构的重要条件。阶级形成了城市结构，并且创造了独立的空间，在对 19 世纪英国的描述中有这样一段话：

> 城市中条件最差的地区的工人住宅，和这个阶级的其他生活条件结合起来，成了百病丛生的根源，这一点我们从各个方面得到了证明。前面引证过的《工匠》杂志上那篇文章说得完全正确：肺病是这种生活条件的必然结果，这类疾病也确实特别是在工人当中经常发生。伦敦的特别是工人区的污浊空气，最能助长肺结核的发展，我们在街上可以遇到许多面带病态潮红的人，就说明了这一点。当清晨大家去上工的时候，如果你在街上稍微转一下，就会惊讶地发现有那么多人看上去或轻或重地患有肺结核。①

这种集聚的事实只可能发生在城市中，同样的：

> ……而高等的资产阶级就住得更远，他们住在却尔顿和阿德威克的郊外房屋或别墅里，或者住在奇坦希尔、布劳顿和盆德尔顿的空气流通的高地上，在新鲜的对健康有益的乡村空气里，在华丽舒适的住宅里，每一刻钟或半点钟都有到城里去的公共马车从这里经过。最妙的是这些富

---

① 韦建桦.马克思恩格斯文集（第一卷）[M].北京：人民出版社，2009：411.

有的金钱贵族为了走近路到城市中心的营业所去，竟可以通过整个工人区而看不到左右两旁的极其肮脏贫困的地方。因为从交易所向四面八方通往城郊的大街都是由两排几乎毫无间断的商店所组成的，而那里住的都是中小资产阶级，他们为了自己的利益，是愿意而且也能够保持街道的整洁的。①

恩格斯之所以说这些严酷的状况，不仅仅是工人阶级状况的糟糕，而且是资本家与工人阶级处于同一座城市中却有着如此巨大的分化，在农村属于慢性病，而在城市中则是急性的，正是对于城市整体空间规划的感知。与工人积极居住地的混乱相比，城市阶级空间的划分是井然有序且互不干扰的。这与其说是成果，不如说是现实的隔离。在这个意义上，作为群体的阶级，并不是生活在城市里，而是生活在某个城市空间中。一位有产者和一位无产者，即使他们近在咫尺，也难以相互理解：

像伦敦这样的城市就是地狱，

这个人口稠密、烟雾笼罩的城市；

这里有各种各样毁掉的人，

而且这里几乎或根本没有乐趣；

---

① 中共中央马克思恩格斯列宁斯大林著作编译局. 马克思恩格斯全集（第二卷）[M].北京：人民出版社，1957：327.

正义显示得不多，怜悯就更少了。①

坐在这个上等马车里，我打量着

这个给我驾车的人。他无异于一台机器，

面目丑陋，胡子浓密，头发很长还粘的打结。

恶习、酗酒、嗜睡使他醉眼低垂。

人类怎么会如此堕落？我一边想着，

一边把身子退缩到座位的另一个角落。②

在现代的城市社会关系体系中，这种物化的社会关系本身就意味着空间堕距的悬殊，它同样是城市自然规划的结果。在传统的观念中，"资源"尤其是资本，占据了权力的核心。然而在现代性城市中，这种关系并不是简单成立的，而是与空间结构相关联的。空间本身制约着资源的获得和再生产，而且是个体身体体验的主要场所，城市空间的总体性对于身体的塑造不是任何一种资源可以比拟的。

同时，正如列宁所说，工人阶级在认识到自身的悲惨命运的时刻，就是他们的阶级意识和革命实践被唤醒的时刻，实际上早期城市中阶级斗争的实践正是城市空间的现实所引起的。当然，现代性解构了传统的阶级意识，并且积极地创造梦境乌托邦，同样改造了

---

① ［德］瓦尔特·本雅明.巴黎，19世纪的首都［M］.刘北成，译.北京：商务印书馆，2013：127.

② 同①，75.

无产阶级存在本身。进而，社团主义、劳工运动组织，这些基于无产阶级空间的实践行动发起者被制度化的社区、公会或者福利体制所取代，这些变革意味着当代资本主义的形成。

当然，马克思与恩格斯所处的时代，甚至早期西方马克思主义者所立足的现实与当今迥异。19世纪末到20世纪初期的资本主义研究，城市本身就是资本主义社会主体的指代，包括韦伯在内，将城市经济作为资本主义经济的一个发展阶段，城市与资本主义尽管存在着认知的分野，但在讨论阶级、资本与权力的问题上仍与资本主义有共通之处。直到关于空间研究的兴起，城市本身才作为一个独立的研究场域。

列斐伏尔作为空间研究的先驱，将科技革命的后果与城市现代性的形成联系起来，认识到了空间与权力密不可分的关系，从而将城市空间本身从资本主义研究中解放出来。传统资本主义被科技革命所建构，并且使城市形成了全新的阶层和相互关系。在列斐伏尔看来，传统马克思主义的观点忽视了城市随着资本主义可能产生的新变化，并且忽视了现代性城市所产生的逻辑自主性，这明显动摇了关于阶级意识与革命意识的根基。其次，列斐伏尔发现了独立城市空间中隐藏的权力模式，政治化的城市取代了自然的城市，成为城市构成的基本策略。

这种策略首先让我们认识到了城市以怎样的面貌出现，在这些论述中，列斐伏尔不再局限于传统马克思主义的限制，而是将政治实践和空间结构作为城市研究的重点，这同样是大综合意义上的创造。首先，城市逐渐形成一个自为的体系，而远远超出人们经验认

知，尤其是实证主义认知的范畴。换句话说，城市已非人们的经验所能控制的，城市在这里从一种经验对象化的认知转变成为一种自为的逻辑——空间塑造人，而非人塑造空间。城市本身就是一个巨大的语境，具有特定的能指，遵循特定的编码逻辑。所以空间并不是经验事实的总和，而是包含潜在的和显在的城市总体性。经验能够描述其中的某些事实，但无法描述城市本身。这种将空间作为研究对象的转变揭示了城市内部权力的辩证法，为城市内部异质性分析提供了合适的理论视野。

进而，城市空间研究真正意义上独立了出来，发展出了一种空间理论，并且将对国家的分析和政治在形塑人们对城市的意向方面所起的作用引入到城市话语中。这样，城市研究就具有了发展一种特殊研究方法和认识论的潜力。空间本身具有一系列的特征，并且使得城市形成一定的空间结构。这就意味着城市本身是有层次的、多元化的，空间理论为之提供了现实依据：

> 整个空间变成了生产关系再生产的场所……在新资本主义社会中，作为社会实践（也就是作为生产关系再生产的）的场所和中介，空间标示出了这种实践的范围。①

同时，空间为实践确定了明确的界限，意味着城市空间结构中

---

① ［法］亨利·列斐伏尔.空间与政治［M］.李春，译.上海：上海人民出版社，2015：31.

存在不同的实践模式，即不同的规则、权力与对象，从而现实呈现了城市异质性。

空间的概念是将城市本身作为一个整体系统的研究对象，意味着城市拥有自发性的内在逻辑。这意味着城市本身与实证建构的经验呈现是截然不同的，象征权力、体验模式以及城市符号主义都是实证主义经验模式无法探究的。现代性已经将城市发展为一种主客并立且相互融合的有机体，人们在其中并不是纯粹的主导者。在列斐伏尔看来，现代性城市意味着全球化的重要场所，并且在全球网络中不断获取资源，已经不再是传统的人口聚集区，它由物质条件和城市生活方式构成，并且作为再生产产生的条件。

晚近现代性意味着后工业时代取代了工业时代，使城市进入全新的阶段，消费城市取代了生产城市。这种本质的变迁重构了城市的基本功能和空间结构，并且随着技术的进步创造了大量的虚拟空间与抽象空间，空间结构的生成意味着个体体验模式发生改变，进而带动了城市权力统治模式的改变。权力关系的发动者从资本、地位以及资源等一系列的要素转变并内化成为空间或者场景的特定结构：

　　　社会政治矛盾都是在空间中产生的。因此，空间矛盾推动了社会关系矛盾的产生。换句话说，空间矛盾"表现"社会政治利益与力量之间的冲突，只有在空间中，这种冲突才有效地发挥作用，这样，它们就成为空

间的矛盾。[①]

这种逻辑意味着城市研究的不可分割与整体化。传统马克思主义关于阶级斗争的经济基础在城市中被解构，具备革命性的生产关系被成为隐喻的权力关系所取代，变得不可捉摸。

"现代性"取代"资本主义"成为城市所依附的时代特征，这说明了达成社会控制的是总体性的城市机器，而非政治权力的机器。追溯生产的源头并不仅仅停留在机器本身，而是机器背后的组织形式和原则。由物质与政治层面的分野进而到通过象征性、拟像化的过程，颠覆的是传统城市中物质与文化的价值，而非生产物质性本身。这种总体性撕裂了价值与物的传统连接，将价值独立并且成为连接空间的纽带，从而独立于对象本身。这种抽象的价值生产出抽象独立的空间，这个空间本身就是隐喻权力关系的载体，它的独立性就只能通过分离物的抽象符号来体现。

由现代性对城市的重构改造了对象的符号意义，从而改造了由表象构成的城市权力，一方面表现出权力对社会的侵占，另一方面表现出权力对物的排斥。所以现代性城市并不是按照一种传统的感性理解的辩证关系为基础的实践方式去建立空间的结构，而是被视觉性生产出来的固定联系的拟象。这种拟象可以被描述为社会行为、关系以及社会本身的手段和结果的预先假定和具体化，个人与城市

---

① ［美］戴维·哈维.正义、自然和差异地理学［M］.胡大平，译.上海：上海人民出版社，2015：312.

的关系与传统马克思主义视域中的关系相比已经发生了深刻变化，"主体性"这一阶级意识的重要范畴在现代性城市中被不同的权力关系所解构。皮亚杰在认同的一般社会心理学意义上指出社会适应意味着"从主体向客体的变化"，而人们只能在城市中呈现一种现实化的自我表达，所以丧失了超越性。

卡斯特尔则将马克思主义进一步与结构主义相结合，提供了一个更为广阔的视角。"合意"这一概念框架为城市研究提供了动力，作为后意识形态时代失去暴力的话语实践的结果而存在。他将城市本身作为一个巨大的权力垄断机构，并且是一个冲突和变化的独特场所，进而承认城市权力所达成的双方的共谋，并将其作为城市保持统一性的基础。而城市范围内的消费、交往以及再生产结构，都是基于这个结果之上的。

在 20 世纪中晚期，哈维的理论日渐具有活力，他将马克思的辩证法本身还原为一系列的城市实践模式，尤其是以六种辩证话语勾勒出城市空间的基本轮廓：话语、权力、存在本体、制度、物质实践以及社会关系。这一整套模式的建立意味着他不再将城市当作是某种物质性或者制度性的客体，而是将一系列主客观要素的相互建构及其内部关系作为权力的表达方式，进而架构起城市的客体。各种社会结构和空间结构的抽象意义在不同的空间中交织，这是现代性所赋予的权力特征。各种权力之间相互联系，并且形成一系列话语结构，在不同的实践中相互转换，这些过程形成了截然不同的阶级、文化与习惯，并且构建着不同的身体。

在哈维的视域中，辩证法占据重要地位。哈维认为空间的重要地位正是在于对一种空间内部逻辑的创造，而要考察空间之间，即这些逻辑之间的关系，辩证法是十分必要的。异质性在城市中作为空间的特质，它的生成本身并不依赖于传统城市的逻辑，相反，后者还在不断的被前者建构，这是资本主义的自然结果，而不是城市的自然结果，所以，人们很少对于城市本身具备归属感，人们实践活动是在城市空间中，而非在城市中。哈维认为，地方是被建构和体验的人造物，同时表现为社会关系的网络。这一系列的地方（空间）作为城市的辩证部分相互作用，从而形成权力、象征、政治以及话语的辩证过程。

当然，近几十年来的城市以及空间研究或多或少都借鉴过马克思恩格斯本人的著作以及 20 世纪以来深受马克思主义影响的学者的研究成果。马克思主义本身立足于分析资本主义的宏观历史进程，而城市本身随着近百年来资本主义的变化逐渐从宏观历史中脱离出来。经典马克思主义为城市研究提供了基本的概念和辩证分析方法，但是它并不是对城市研究的专门范式，同时在解释当今城市的诸多问题时难以为继。但马克思主义理论本身的潜力，以及它与晚近学术全新的场域结合的活跃性，使得城市研究、文化批评、后现代主义以及社会理论视角都具备了马克思主义的特质，从而不断增加对现代性城市的解释力。

小结

虽然马克思与恩格斯对于城市本身的研究着墨不多，但马克思主义天然具有城市研究的独特视角和潜力。传统马克思主义的结构框架针对的是阶级社会，其潜在背景就是城市化业已完成的工业社会。

马克思与恩格斯所处的时代，甚至早期西方马克思主义者所立足的现实与当今时代有着很大的不同。19 世纪末到 20 世纪初期的资本主义研究，城市本身就是资本主义社会主体的指代。而直到关于空间研究的兴起，城市本身才作为一个独立的研究场域。列斐伏尔作为空间研究的先驱，将科技革命的后果与城市现代性的形成联系起来，认识到了空间与权力密不可分的关系，从而将城市空间本身从资本主义研究中解放出来。卡斯特尔则将马克思主义进一步与结构主义相结合，提供了一个更为广阔的研究视角。而在 20 世纪中晚期，哈维的理论变得日渐具有活力，他将马克思的辩证法本身还原为一系列的城市实践模式。在哈维的视域中，辩证法占据着重要地位，哈维认为空间的重要地位正是在于对一种其内部逻辑的创造，而要考察空间之间即这些逻辑之间的关系，辩证法是十分必要的。

经典马克思主义为城市研究提供了基本的概念和辩证分析方法，但它毕竟并不是对城市研究的专门范式，同时在解释当今城市的诸多问题时难以为继。不过马克思主义理论本身的潜力，以及在学术场域的活跃性，使得城市研究等问题都具备了马克思主义的特质。

第三章

城市时空的主要特征

到达世贸大厦的顶端就意味着逃离了城市的控制。人的身体不再随着街道莫名其妙地拐来拐去；无论是作为游戏参与者还是规则制定者，人都不再被各种嘈杂声和纽约紧张的交通所摆布。一个人一旦到了世贸大厦之巅，他就离开了大众，把自己作为作者或观众的身份都丢在了身后。①

① ［英］艾伦·哈丁，［英］泰尔加·布劳克兰德.城市理论：对 21 世纪权力、城市和城市主义的批判性介绍［M］.王岩，译.北京：社会科学文献出版社，2016：168.

一、作为基础的时空观念

现代性在现实中所固有的多个空间状态是相互连接的。在传统时空社会学观点中，空间观念通常依赖现实的物质场域，也就始终被人们当作一般社会学中各社会要素运动的载体，空间被赋予了完全的客观主义的色彩，这是在现实社会中反映的实证主义的社会物理学的分析传统。科技革命及其所带来高度的社会复杂性以及剧烈的社会变迁，使得空间本身的再生产被当作有关资本主义、全球化与城市研究的重要议题而进入到晚近社会学家的视野。这种基于地理学的建构模式，将自然的或者人文的客观化空间形成的地理学进行建构，即关于阶级、生产与区域规划的空间概念的形成。这之中蕴含着一个重要的前提，即所谓人文地理学所描述的社会、环境、

文化以及地缘政治。一般地理学或者人文社会地理学总是倾向于将空间作为一种承载不断变化的现实的载体，从而充当现实中社会变迁的基础。所以，这其中的空间或地理成为社会秩序的一部分，即承认现实的地理空间是城市－乡村模式或者对于潜在不平等的空间分析的前提，这就形成社会研究场域的主要特点，阶层、角色与分工的固定化与对象的现实化成为空间的主要特征。

社会学实证主义随着对空间现实化的理解占据了空间分析的主流，这种情况使得社会研究将空间，尤其是城市空间，作为形成变革的数据来源，一种统计的实践方式成为研究的核心，但这些方法论并不能解释这些差异以及异化的根源所在。从城市研究发展的历程来看，对于经验性的承认是不言自明的。芝加哥的城市结构，或者某个城市规划显示出的权力分配以及工厂－商业区所形成的生产与消费的二元对立等，围绕在空间作为不平等和异质性的存在基础而展开自身的批判，成为城市研究空间观的前提，这些是以统计性的描述为基础的。

批判理论与后结构主义对于现实的城市分化的关注，在于一种对变迁、差异与流动赋予力量的根源，而不仅仅是关于这些行动的事实。这种关注的转变说明了城市及其时空本身关系的重要变化，新的关联方式、新的权力关系以及新的规训生产。一般来说，时空概念兴起正是对于城市现代性及其特质真实性揭露的尝试，那么对于城市与区域的重构意味着人们对于经验现实过分关注的转变，晚近城市时空被多种力量相互生成，关键就在于解释现代性是如何通过某种全方位的变革，而不仅仅是生产分工，从而在城市场域中表达自身的空间差异的。城市时空寻求一种与城市现代性相对应的解释，以便完成其自身对于现代性及其现实性的解释，使得我们日常所见的变革只是一种不断被重构的结果。

将城市以及与其密切相关的时间与空间作为研究对象，是晚近研究的重要趋势，这种探讨将城市理论逐渐从一种固定的客观主义体系中解放出来。现代性－城市时空－权力关系逐渐成为一种风行的理论解释方式。现代性对于城市及其地理空间的构建只是在不同领域体现不同的对象性，在这个基础上城市理论实现对地理空间的客观解释。那么，这些城市理论的空间观或者时空社会学的空间观仅局限在劳动分工、生产方式与社会互动等现实维度中。随着城市异质性以及实践模式的复杂化，由现代性建设的城市现实，在城市内部衍生出不同层次的空间，现实的可以触摸的维度与抽象的权力关系搭建的空间共存于其中，同时将在这两者之间建立联系。那么，以现代性作为本位的角度而言，城市不仅包含物质基础及其规则，背后还有更多的代表着与生产方式、技术与历史相连接的抽象的权力关系。城市中物质主体地位的丧失与城市空间中主体性的丧失，成为一种在文化领域分割的现实。一种被现代性重新建构的城市时空和缺乏权力的生产主体性的个体，即城市空间中的特质，可谓是现代性城市权力交织的维度。

现代性城市中的主客二元对立并非丝毫不存在，而是被权力所隐藏。对于现代性而言，城市秩序及其背后的抽象权力关系都是城市自身的产物，这两者在存在方式上呈现出主客分离，主体性的出让与客体化则意味着现实的与抽象的空间相互贯通。客体的主体化

是对应客观现实而言的，这种现实的客观性意味着城市需要承担现代性赋值的权力关系，这同样指明了客体所在时空的指向，即通过主体化的过程与抽象的权力空间连接起来。而主体化的客体在权力建构中不仅形成了自身，也形成了与自身相关的权力关系，进而定义了一系列的权力的行驶规则。这来源于一个理论前提——抽象空间的生产与再生产是受到现实空间所制约的，即便这种权力的生产与再生产不依赖客观现实的历史意义，但这些权力构成空间是以现存的客观关系或者物质空间分布为前提，权力在这个维度上达成一致性，而表达权力的话语与规则则是现代性与空间生产的二重性的反映。

这样，传统微观层面上能动者与客体的主客二元关系并没有消失。主体性从能动者中丧失与客体的主体化构成更加宏观的权力关系，这种关系不断被现代性所生成，从而使城市中的主客二元性逐渐让渡到现代性与城市时空的关系中。现代性破坏了传统客观世界和认知方式的主客统一，即是破坏了两者结构的纯粹性，进一步利用主客双重的权力生产将主体与客体聚合在城市时空中，而其自身多维度的衍生品在不同领域构成了文化生产与社会的权力关系。

那么，晚近学界关于一种权力空间的解读正是这种分离的反映。就现代性城市而言，"空间"这个概念是解读城市异质性以及理解隐藏的权力场域最好的理论方式，吉登斯在《社会的构成》中这样描述"一种现代性的特征群的空间差异意味着不同区域的形成，理论中将这种区域视为一种社会实践发生关系的时空分区，这意味着不同的场域对应着公民在其中不同的惯习解构，需要按照空间所特有

的资源分配原则来实现自我的行为。"在现代性理论的视域下绝大部分意义是集中在时空社会学中，即现实空间本身的社会地理学视角。空间被赋予了固化的客观性，这种客观性随着现代性支配的空间不断增强的流动性而逐渐丧失。这样，现代性不仅作为一种现实的背景存在，而是作为城市边界形成、权力网搭建以及新的主客体创建关联的根源，这些联系必然要通过现代性。现代性已经从从属于制度和生产方式本身的时代性转变为这两者的控制者。我们可以将这样的研究视角称为现代性城市的社会地理学，其中预设了客体化的能动性和主体化的对象性，现代性本身就是这一切的创始者。

与空间相对应的时间的概念和具体的指涉在前现代到现代的现代化过程中发生了很大的变化，吉登斯曾将这种变化称为"虚化"的过程，时间与历史的连接逐渐转变为对"有机体的占用"过程。时间在现代社会中被独立，并作为现代工业生产的尺度单位而存在，从而造成了历史与时间事实上的分离。

历史作为本体的去时间化，被当作城市不断自我重构并且树立现代性地位的过程，历史在现代性所重构的城市体验模式中流散，这是城市逐渐形成的时间结构的特征之一。现代性本身改变了其对于时间的认知方式，吉登斯在 1990 年指出：

> 时空分离及其标准化的、"虚化"的尺度的形成，凿通了社会活动与其"嵌入"在场情境的特殊性之间的关节点……现代已经得到普遍认可的标准化计时体系，提供了

对机体过去的一种占用。①

将现代性城市作为这种时空理论态度衍生出客体化的社会空间作为与现代性自身二元对立的产物，这使得我们关注的焦点集中在传统历史唯物主义的研究领域，即客观社会或者物质社会当中，而忽略了权力的触角本身。没有任何元理论的存在能够帮助我们理解现代性主客观统一的支配性。基于一般社会理论的概念地位的理解：城市旨在自身的形式中反映某种地理空间，但现代性应当在自身逻辑中建立一种抽象空间。这种二元逻辑构成了现代性城市独有的特征：

第一，现代性城市业已形成的规则与规划并非先天形成的，而是各种时空的现代形式塑造的，技术、习惯与理性共同构成独特的时空体系。人类在建构自身合理的生活空间的过程中逐渐使这种建构的规则合法化。城市作为人类活动的聚集地，贯彻着历史进程中不断形成的模式，例如，中国古代城市建设中的宇宙与自然规律的观念，通过它与欧洲城市规划的区别可以看到的不同主体政治支配地位的差异，以及在微观上反映人们对自然的敬畏或者征服的形象代表等。除此之外，融入城市文化中典型的时间形式也充斥于城市空间中，这些表现来自传统而直接的权力支配。而科技革命创造的现代城市，一切遵循或围绕自然的方式都被彻底改造了。街头明亮

---

① ［英］安东尼·伍迪维斯.社会理论中的视觉［M］.魏典，译.北京：北京大学出版社，2009：75.

的路灯、霓虹灯与广告牌，以及一整天灯火通明的商场和快餐店，改变了城市的作息规律，如果我们拥有能够统计一百年来大都市夜间不同时间段的人流量变化，就会发现它与灯光的数量成正比。而发达的交通运输体系与种植技术使得我们在一年中的任何时间或者任何地点都能吃到想吃的蔬果。人们本身的人均绝对劳动量在减少，机器人与电脑使人们以更加体面的方式进行生活，带动了每一个人对于娱乐、饮食、居住等各方面选择的提升。理性改造了传统观念中的时间观，规划学逐渐成为一门学问，同时碎片化时间的增加意味着时间很大程度上从空间中解放出来，这些时间都将被人们用来改造自我的生活方式。

作为典型的技术世界，城市时刻受到革命浪潮冲击，它比乡村更加能够容纳迥异的观念、技术与习惯，并且反复重构着异质性及其时空。因此，现代性城市中的各种时空属性的发现不是一蹴而就的，绝不能穷尽在无微不至的空间与漫长而有差异的空间线中，芒福德所称的"文化戏剧上演与重演"的舞台在不断变革。理性化过程反复被用以构造空间和时间，并且在城市建设规划与文化建构中吸收着实践场域的非理性。这比较显著地体现在建筑规划、道路与功能区对城市历史与风俗的考量中，这些习惯、风俗、宗教使得某处空间呈现不同的文化实践，并且形成一套独立的规则来进行社会平衡与管理，这在都市中的亚族群聚居区或者宗教聚居区表现得尤为明显，而经济差异所产生的城市"洼地"也在列。只有在现代性城市的前提下，异质性方可存在并且与现代本身构成现实的二元关系。

　　所以，城市时空的现代形式不仅表现为技术及其形式对城市时空的重构，也包含着城市中代表不同时间、地域、阶级与文化的主客观形式在现代性条件下得到利用。城市不仅容纳了繁杂的现代形式，同时在将前现代的形式现代化，从而为其存在提供合法性基础，然而在其他时代，这就可能表现为以暴力为前提的严格排斥。历史与地方的两个机制同时在影响现代性城市的时空结构，而这两者本身的现代化使其成为现代性的客体，进而与现代的、全球的形式共同构造城市的共性与差别，并且提供彰显城市独特性的资源。

　　现代性城市的时空结构嵌入在城市的物质性中。在城市发展的历程中，现代化进程使得作为媒介的城市物质性在不断发生变革，它形成了现代的区别机制，用来在空间分配中平衡不同的物质与文化形式，并且随着技术革命而不断进行自我再生产。现代性形成了这样一种现实——时空存在于城市中，而不是城市存在于时空中。城市时空是现代性后天建构的产物，并且不只一个。对比物理意义上的近乎无限的时空观，由文化、规则与物质构成的城市时空是有其边界与规模限制的。

　　第二，现代性城市中空间与时间的存在构成现实性与虚拟性的二重性。现代性城市时空不单是某些现实空间与某些虚拟空间的集合，时间和空间或许可以被理解为业已存在的事实，但只有在其被建构成为某种叙事方式的前提下，我们才可能认知它的存在，这依赖于一系列呈现为现实的方式，例如产品、政治行为或者规则。在现代，这种表现方式绝不是单一的，它随着不同的文化与阶层而被独立生产。城市研究中的"话语实践"的文化转向试图将城市理解为文本，其中夹杂着人们的主观体验以及话语的意义斗争。这种形象主义的方法使得我们无法感知城市时空的层次性，更遑论辨别这些时空的虚拟性，"叙事方式"的解释恰恰是将城市整体虚拟化，从而忽略了城市中主体性与客体性的相互转换。

如果用更加现实的视角考察城市时空，解构主义方法并非不能存在，城市不是其自身的产物，而是权力生产了城市。权力被当作一种生产因素，正是权力斗争与散播的客体差异，才形成了虚拟性的时空。通过想象性的、数字性的与时间性的空间虚拟，现代性生产出了全新的表达方式，从而构成了个体日常实践的新场域。

现实性的时空不仅受到阶级、文化等话语的影响，历史与地方的现存也起着十分重要的作用，这不能仅被当作城市的客观经验，是因为它们大多数情况下并不以一种主动的方式参与建构，而是倾向表达为一种不可排斥性，这使得文化与空间的生产具有某种意义上的固定性。这些前现代的遗存通过城市中不同时空保留的特定的文化、习惯或者生活方式而表现出来。它们既呈现为一种特定的意义或者话语模式，也主导了特定的时空规则，这种现实性与虚拟性的二重关系是城市的重要部分，即使是历时数十年的新兴城市，这种亚空间仍旧因为移民、地域或者贫民区的存在而存在。

第三，城市时空不断创造新的事实，它们不仅在建构城市规则中起着重要作用，而且从个体那里不断得到回应。如同康纳德所言，现代性意味着时间的加速与坚固空间的消解。虽然我们认为城市中多个大部分事实，无论是观念的、习惯的还是物质的，都是被反复

构造的，而不是说它在存在上是主观的。个体的主观接受并且应用这些事实作为一种回应，形成了建构这些事实的最后一个环节。正如古列维奇所说，一些现存的"普遍的概念和表象，它们对于社会整体来说是规范性的，没有它们，就不可能构造什么理论的、哲学的、美学的、政治的或宗教的观点或体系"，同样的，城市创造的秩序、规则与认同方式，没有这些同样无法形成消费、生产、公共决策以至互动的行为。在城市的空间和时间中，类似于交通规则、排队或者手机支付这样的行为模式一旦被人们接受，就会参与到整个城市的体验结构中。

吉登斯的"脱域"概念，作为个体无条件接受这些行为并不断回应的理论前提之一，觉察到了技术世界变迁的剧烈性。高速变迁意味着城市对于新的观念与行为的生产速度同样加快，而城市时空的相对稳定则是基于人们业已形成的普遍共识。这些共识的范畴越广大，它们越被全部社会成员所接纳。这并非意味着城市强制性的通过对其成员的支配来达到对标准化规则的回应，也不是以灌输的方式迫使成员毫无错误地学习，而是使大众无意识地认为这是寻找更好生活而且保持自身生存发展的主动条件。

在现代性城市中，钟表不可或缺，而在传统的乡村则不是那么重要，"尽管时钟时间是一种社会构造物，但我们还是将之作为日常生活的客观事实加以接受"①。这种标准化不仅成为一种社会习惯，

---

① ［美］戴维·哈维.正义、自然和差异地理学［M］.胡大平，译.上海：上海人民出版社，2010：240.

更是人们对于都市节奏甚至社会互动的一种回应方式。这些将空间与时间不断抽象化为某些标准化的事实意味着人们会自觉按照这些事实的标准来感知自己的体验、评估自己的价值以及构建私人空间。

第四，时间与空间自然性的丧失使得它们对社会性高度依赖。时间从空间中的解放意味着时间不再是制约空间自然性利用的要素，空间自然性正在随着技术的进步而逐渐被压缩，传统的构成社会秩序的方式发生了根本性转变。空间的自然性不仅丧失了其在社会结构中的意义，也同时间一样被机械地划分成象征性的精确指标。这些关于距离或者高度的数字也许对自然地理学、地缘政治学、军事学还有着非凡的意义，但对于特定时空组织模式而言，纽约到伦敦或者纽约到华盛顿，已经不存在本质区别。

时间和空间的社会性意味它们承担了关于社会观念和社会过程的衡量，这些方式不仅改变人类的生存方式，也重新建构人们的时空感知。社会性的空间意味着城市能够合乎秩序地安排阶层与等级、社会分工的场域以及通过街道的宽度表达它们的功能与地位。其中，自然的距离被改造为精确化的距离，以便合乎城市建设的精确要求。超越城市更加遥远的空间距离，则被高速运输体系以及互联网所消解。空间的观念存在于城市功能被高度压缩的局限中，并且距离的概念只存在于城市及其周边，成为不可改变的背景条件。

社会性的时间则从具备丰富历史感积淀的累加方式转变成为依赖时钟结构，与资本、效率与价值密切关联的测量方式。在城市中，精确的时间须被严格依赖，否则就会引起网络社会与现实秩序一连串的动摇，这种运行严格依赖实证的范式，并且相互组成精确的系

统。社会性的时间不仅不具有永恒性，而且可以被随意中断与改变。人们不再感知自己处于时间流之中，主体与时间同样发生断裂。除此之外，在现代性城市中个体与不同系统的相互联系中，时间是不存在的。

这种社会性的时空的实质就是用于规范以及建构场景的社会构造物，这种选择为一切城市规划、物质结构与观念的构成提供基础。对空间的占有、距离以及构造可用于定义区位，进而划分阶层、功能与价值。在城市中，一公里与十公里的区别远大于纽约到华盛顿与伦敦到华盛顿的区别。时间通过与空间的分离而变化为指示标志，并且在城市生产中被附加了价值因素，加速意味着进步，而缓慢意味着懒惰。这种在城市中的时空表现方式推动了我们与城市关系的变化，这也正是现代化逻辑的特征。

第五，现代性的城市时空，它不断变化以适应现代性并且对城市施加影响，带动了主体的自我关系与外在关系的变化。城市本身赋予主体一系列的角色与意义，并且教会主体系统的规范与价值，从宏观上说，主体产生了与客体新的关系结构，它由不同的象征权力支撑，并且变幻于现实与虚拟的空间中，这些权力关系的客体不仅在主体化，而且更新速率空前加快。从微观上讲，主体被定义的关系随着时空结构的细微变化而变化，以适应新的社会再生产的物质实践与价值定义的方式。

这些反复不断的变化始终通过不断被建构的权力关系而生产。在传统社会，新的时空概念通过强制性的暴力或者政治支配方式而建立，殖民体系、扩张或者文化同化，在弱势地区形成全新的价值

模式与生产方式，从而形成全新的聚落组织，它们在殖民者或者征服者的观念下逐渐演变为城市。工业革命以来的现代城市以生产为核心组织起来，并且随着现代性与各领域之间关系的日渐紧密不断改变着主体和物质世界的关系，这些自觉的行为被当作人类在科学中不断获得解放的过程，并且与一种全新的生活方式与社会构成产生密切的联系。

二、现代性城市建构的时空规训

晚期资本主义城市框架在高速技术变迁与不断强化的时空规训中得以平衡。城市正在表现为试图摆脱传统的政治权利关系与自由空间，从个体或者经济实体的角度而言，它向往一种没有明显政治约束的、以财富创造为核心的城市，这是现代性加速消除政治控制与霸权的自我要求。值得一提的是，霸权与政治控制并没有在国家关系中消失，而隐形在大都市中。这种隐喻再一次区分了资本主义世界体系与全球化的现代性大都市对政治权力的差异。都市不仅在于创建一种民主空间，而且在传播一种政治秩序，旨在建构一个没有障碍且高度流动的空间维度，通过特定的时空结构、文化与价值结构相结合，实现在缺乏暴力与政治支配的前提下从结构要求到个体行动的自发性约束。

资本主义在诞生之时并不强迫人们接受某种强制的模式，工业革命对阶级矛盾的激化很大程度上促成了其走向成熟稳定。现代性意味着资本主义价值体系及其制度的传播往往带有的强制性色彩得

到减弱。全球化与现代性这两种时空构建被作为资本主义自发的行动主题，它们使得全球的大都市实现了市民化。无论国际政治上存在多么巨大的冲突，现代性使不同的人们接受了在现代组织中的时空秩序网络。尽管在世界上存在着反全球化、新殖民主义等这些反对现代性扩张的斗争，但是资本主义仍旧通过财富定义人们自然建构的现代性城市时空。

全球化对现代性的推动结果呈现为晚近城市现代性具备的全球–地方与传统–现代为代表的矛盾关系，同时这种关系参与到城市的权力配置中。这些多元异质性变成在城市这一共同语境中的存在方式，并且塑造了属于现代城市的制度特点和时空结构。这样一种城市的建构遍布于西方。作为现代性与全球化的共同后果，城市中复杂的社会实践是由二元秩序组成的：一方面是现代性不断占据主导地位，使其个体产生权力关系及其影响，即通过特定的身份及其行动产生建构；另一方面是需要变化结构，这种结构由于地方性与历史性的关系总是支配着个体，并且先于个体而存在，且通过某种框架赋予个体以身份与价值特征。现代性试图通过新的时空秩序创建时间–空间–制度的变化从而影响个体与城市规范之间的关系。而全球化与现代性的物质、观念与技术总是充当这种结构的先行者，通过改变主体的社会关系、自我关系与时空观念来发展现代城市的感受，随之建立的建筑、形成的规则以及关于制度的修正都加强这种结构的稳定性。

在这个过程中，全球化与现代性对于现实的渗透和流动逐渐代替了宗教或者风俗的自我关系，这个过程把个人视为时空结构中的

重要节点，并在个体身上记录这种变迁的速度，这种逐渐形成的结构性原则就是资本主义城市建构的时空规训。

第一，现代性城市作为社会权力核心的合理化。在城市秩序的解释中，康德关于时空的先验观点逐渐被取代，这是因为个人与社会使时空产生了服从。现代城市充斥着大量文化－象征的符号体系，复杂且混乱的个体和社会反复重塑着潜在的不平等，因此，城市的时间和空间并不自动地与先验时空的政治意义保持一致。

资本主义的现代性时代使得城市时空首次从先验时空中独立出来，在此基础上，城市时空中的阶级、风俗、文化、宗教和观念等一系列差别构成了城市异质性的主体。所以在城市中，不存在价值正确的时空或者合理化的特征，城市异质性本身就是现代性城市内在的客观属性，从这个意义上说，现代性城市时空并不预设价值前提。如果说将现代化当作一个"加速"范畴，那么现代性则不以"加速"为表现形式。

当城市空间意味着一种整合的力量，在全球化意义下流动、交融以及侵入都应当作城市现代性的主要特征。这种情况建立在晚期资本主义的宏观背景下，在先验时空中的制度、价值与文化的全球蔓延推动着作为微观话语的权力关系、物质构造以及日常实践形式，借助这些要素，城市建构起了自我的权力中心。如果从历史理解城市，就会发现人口的聚集、工业的进步以及城市规模的扩大都意味着传统城市的政治权力地位的解构、社会权力的上升。

如果时间和空间在康德那里被作为先验产物，那么由此可以认为城市在其时空的经验化过程中的地位是决定性的。正是城市规定

了它们由先验转向经验，由单一转向被生产，由可以被利用转向可以被建构。在对这些过程的研究中，首先，靠单纯物质决定论的观念来理解时间和空间的经验化是不足的，城市时空生产的客观化并不意味着空间的物质化，而是现实空间与虚拟空间的交织。这不仅要从社会再生产物质过程的研究来理解，更要借助现象学与互动论的方法。我们将这些空间作为城市结构的重要组成部分，并且阐述空间之间彼此的相互依赖与相互贯通，并指明这些空间的建构与联系来自不断生成的权力关系。实际上，即使我们对那些复杂的虚拟空间和植根于时空体系中的无数权力关系一无所知，我们照样可以按照业已形成的规则与风俗来维持生活、进行社会互动。在我们进行日常活动以及从事社会生产的过程中，时刻在利用在场的时空规训。过人行道时我们需要观察红绿灯的时间，开车在城市道路时需要注意限速，超市在傍晚会有减价拍卖等，我们只注意到了遵循这些是社会人的要求，这种立场是不可动摇的。

上面这些情况在城市空间中不胜枚举，无论现代性整合了多少地方性，都会形成一整套相互嵌套的规训体系，这些根据城市文化自主形成的方案最终会得到人们的接受。正因如此，现象学和唯物主义视角同时关注了这一层面，意味着我们既看到了日常实践的话语表达，同时充分观察到了生产与物质形式的巨大作用。这种统一的前提首先是资本主义，其次是现代性城市。

当然，从另一个角度来观察这种统一的话，全球化意味着城市的去地方化，从而接受了资本主义的全部或者部分的规则系统。当我们身处城市中，已知或者未知的规则对应个体行为的秩序与失序，

并因此改变了所有人的日常实践方式。这个过程不是在一代人的时间段完成的，现代性同样随着代际侵入，最终形成严格的规训体系。

这样，城市与个体之间的关系看起来变成支配性的，如果以个人的角度去观察关于一个城市的"时代"，城市几乎是完全塑造了个体行动和发展的可能性。个体的行动者在其中接受教育、选择职业以及进行生活，大多数个体的行动很难与暴力支配或者政治强制有着过多的牵连，他们更多的只需要在几个合适的选项中进行选择。这样，即使我们并不明白个体究竟存在于怎样的结构或者文化关系中，但这种关系仍然决定着人们生存于都市的意义与模式。这些方式之所以难以被察觉，一方面是由于主体本身被牵扯进各种权力关系中，并被这些关系重塑，另一方面是权力已经隐喻在每个行动者的内在期望中。

第二，城市时空的生产嵌套着现代性的基本规则。城市现代性首先是全球化资本主义的产物，同时是寻找新的组织形式的多元现代性的自然结果。技术及其产品、资本主义制度以及文化都将在城市时空中显示多样性，从而实现历史－地方性与全球化的有机整合，这一过程意味着全新的时空定义方式的产生。空间关系随着城市特质的重组总是具有全球性的特征，这是城市称为"现代"的基本条件，也是现代性城市异质性双方得以共存、整合与对话的条件。

城市的时空构造之所以表现出诸多的不确定性，原因在于已经形成的空间关系、建构个体日常实践和新的空间再现模式，并不存在一种完整的、无所不包的建设方案，事实上，世界城市经历了数

百年的现代化历程，迄今为止仍旧没有结束。简单地测量和区分空间的做法已经不合时宜，首先是日益复杂的技术的生产和传播，其次是对存在城市之中各种传统、历史经验与文化基础的认识，在任何一个城市中，这些物质基础之外的要素已经成为不断流动的存在而不是固定的对象。

这种对理性主义的怀疑看似是对现代化进程的不信任，结合现代化失败的城市典型，似乎有理由相信城市现代化面临越来越大的困境。城市代表着现代化的结果，意味着暴力的去除、权力的重构以及价值的重组。这些问题发生在城市的空间构造中，并被当作现代空间的障碍或者"通过时间消灭空间"斗争的失败。这种观点对于现代化的动态来说都是恰当的，因为现代化本身就将资本主义制度与工业化作为唯一的标尺。

对于现代性与现代化的态度分异就显得十分重要，通过向新城市的现代扩张以及建构全新的空间关系来形成现代性城市，使得现代性本身就是多元化的产物，而将其用来描述单一城市空间的特征的话则使用"城市异质性"来指代城市中历史－地方关系与现代性的嵌套。现代性的空间关系不仅保留了全球现代化体制的建构的一般特征，同时在城市中重构资本主义的生产关系与制度形式。

所以，时空地理学中的城市观通常是高度独立的，和全球化或者地缘政治学的空间视角相比，生产、消费、文化实践等这些事实都在以城市为中心进行收缩。因此，城市的时空关系，不仅没有依附全球的地理政治关系，而且独立于此建构的关于城市时空本身的全球化系统。这说明西方资本主义中发挥作用的多重时空性，就现

代性城市而言，如果要将此理解为对由完全资本主义模式生产并建立的城市法则所塑造的普遍特征与条件，就必须考察诸多城市的个案，这些个案却无疑是那种仅存于概念中的理想模板。而通常情况是，当城市的时空性一旦基于现代性的规则建构，特殊性就会在城市内部产生。

我们很难说清现代性究竟为城市提供什么，时间维度上现代性是随着现代化与全球化的进程而产生的，对于城市而言也是如此，由某一场域的特质逐渐蔓延成为一种普遍的关系，并且称为城市时空的再现者，这是与资本主义条件下的时空关系一致。而现代性作为现代化的结果存在，它在全球与地方之间、历史与现代之间实现了城市的整合。这必然以城市的现代化对立面的存在为前提，并且这种存在肯定是无法消除的。

现代性并非简单意味着统一化与标准化，也不能简单理解为科层制、理性主义，这些只是它在城市时空中表达形式的一方面。现代性的结构处于一种多元的时空维度转变的框架中，这种转变是为异质性的共存与整合提供一种权力关系的理念，通过这些理念使权力关系参与到时空多元性的构成中。我们认识到城市时空的转变如何在创造虚拟的新领域，权力生产和再生产的过程深刻地包含在不断转变的时空关系中。

现代性的基本规训更多被当作一种无论何种城市都需要其特性参与到全新时空构建的结构中，它可以跨越文化限制，并且对个体的日常实践进行渗透，它适用于完全不同的文化结构与地理结构，并且渗透在城市的未来中。

三、通向一种城市时空的理论话语

现代性城市时空意味着多元异质性，因此作为不同政治话语的存活空间。城市空间为全部有关城市或者世界的观点提供了辽阔的舞台，在此基础上城市空间中呈现出不同的现实形态，如游行示威、市长演说或者关于支持某一国家行动的消费广告，如何理解城市中有关行动和权力问题及其背后复杂的时空属性就成为理解城市的关键。我们身处都市中，每天都是一个全新的开端，它虽然无人担保但总值得信任，这说明我们对于身处都市承诺的信服，并且认为现实的我们正在创造未来的城市，事实也正是如此，只是理解的方式不同。

在体现了现代性城市的时空结构的建构与流动中，权力及其关系的原则本身就表现出动态性。最重要的是，我们在前几章的微观分析已经强调了主体与客体在权力关系中的变化与生产，整个分析层次都十分依赖这些概念的趋势。就我们已经得出的结论看来，只有将权力与主体紧密地联系起来，才能够理解城市现代性所产生的时空关系，因为现代性的城市时空不仅是物质的事实，而且是依赖权力关系重构的事实。并且权力关系确实是定义城市空间与时间的力量。

在城市时间与空间的理论化中，从现代性与城市的关系来看，这个理论的基本逻辑是十分清晰的——现代性对城市的改造具有决定性的意义，这为城市中主客体与权力关系的搭建提供了根本的前提。例如，如果一件快时尚衬衫上没有标志，那只是一件普通的工

业品，而如果印上某种表情符号或者头像，就可被当作艺术品。

现代城市意味着现代性成为城市的一种"自然属性"。前现代城市社会变化的因素分析更多局限于自然条件或者单纯的政治影响，许多理论忽视了现代化进程中城市的空间转型，而这种转型的结果往往不是以单纯的现代化视角可以观察完全的。当空间的观点被重视时，这种传统的视角就会因为出发点的偏移而变得不完整。在现代化的时间进程中，视角不应局限于理性逻辑对历史传统的取代，而是需要逐渐形成一种动态化整合的思路，在整合和变动中体现了城市时空在剧烈变迁中的重要地位，为城市的现代化现实提供一种动态平衡，而不是以前所认为的那种现代化带来结构与文化单一化的固定观念。现代性的属性意味着将现代城市认为是一种整合而非一种取代的结果。同时，现代性既是一种属性，也可当作一种动力机制。

现代性使主客关系具有了政治属性。现代性城市本身对生产关系和社会关系具有改变属性，背后隐藏着以主体或者客体搭建的自然关系的改变属性。城市现代性作为一种动力机制或属性，之所以可以整合并搭建异质性结构，原因在于结构与文化对象的变化。在这种变化特定的时间与空间关系中，尽管它们保留了自身的表达形式，但它们与现代性城市创造的一系列相互关联和结构意味着建构了对现代性的适应性。在现代性城市中，适应性就意味着空间权力关系的搭建，从简单的流行符号到新的城市改造，带来了新的规则。现代性使得对象的属性通过现代性完成话语的重新赋值，更通过城市想象对内塑造理想的对象性模型，时尚就是成为塑造身体的典型

机制。这种改变通过城市中的关系形式与网络来确定自身的功能，这种功能蕴含着现代性的某种要求，例如，街灯与主干道的组合以及立交桥规模与城市区位的组合。城市结构的重组产生一系列新的主客关系，同时创建与以往不同的功能分区，这些都意味着主客体的意义变更。

　　主体性的出让与客体的主体化编制了权力关系的框架。主体作为一种体现权力的话语中心与实践中心，是受到业已形成的权力关系限制的。任何个人都处于社会关系与日常实践的权力网络中，并作为一个节点而存在。在这种高度复杂性的网络中，后果之一就是主体的行动与话语的自由被自身所处的关系压缩。所以，关于处于权力关系节点中的每一个主体，其主体性并不是完全自由的，它通过在多重权力塑造而成的个体基础上产生某种特殊性，并且过滤掉其中大部分偶然。人们看似面临的选择越来越多，个体所在的环境越来越自由，这种自由很大程度上只是自身所处关系的延伸。当这些关系的动态性越强，主体生产权力的循环就越固定，这在现实中反映了资本主义职工不断增长的工作效率以及不断减少的决策自由。另外，主体所构成的权力运动带动了日常实践、社会互动以及职业分工网络的不断重构。在主体让渡主体性于客体的同时，客体的被动的、固定的结构也在发生变化。城市中的客体包含广泛，包括几乎所有城市物质结构中的内容以及制度、规范、习俗等上层建筑。人们并非主动地接受关于客体的一切，视觉文化、特殊的区域规则以及每时每刻发生的区域关系的重组（比如街角的药店变成了广场）都成为客体改变与主体关

系的动力。每一种关系及其形式被赋予动态性，并且通过与主体的关系改造主体的认知。这作为一种事实上的主体化过程，与主体共同构成了权力关系的框架，它存在于或大或小的空间中。例如网络游戏的更新改变了这一虚拟空间的一部分规则，从而对主体的网络经验构成变化，同时影响到现实经验的获取。又或者某条道路被划为单行道，就改变了道路周边人们的出行模式以及整个区域的交通行为。

权力关系构成了城市的时空结构。权力关系总是存在空间中，存在于被生产出来的现代性城市空间框架中。一般认为空间总是由某种特定的对象类型或者功能类型组成的，如互联网空间或者传统意义的城市空间。在现代性城市中，每一个权力节点通过自身的权力关系都可以连接世界任何角落，但我们不能用这种普遍联系来定义城市空间。现代性意味着虚拟与现实的界限被打破，以城市作为空间生产的场域，无论是网络的、阶层的或者文化的空间，都不是固定不变。而对于任何主客体的定义，要关注它所在的空间是什么。这意味着这些不确定的空间关系与权力关系必须具备一定的连续性。在不同的权力流变化中，权力关系的连续性可以带来一种相对稳定的意义形式，或者起码围绕一种话语建构。由此得出的结论是，任何空间关系都难以被物质的方式定义，城市空间代表了在城市权力关系的网络中，围绕同一意义或者话语形式建构的权力关系的组成形式。这意味着无论是文化或日常实践还是生产与物质实践都是可以被创造的，并且它们形成的空间并非相互独立，而是相互交融的。同一主体或客体同时处于不同的空间中，并且在其中不断地逃逸和

纳入，构成城市的制度、文化遗迹物质框架，在其中的社会关系、权力结构和日常实践得以多元化展开。

城市空间的生成及其带来的城市变化衍生了不同的时间观，由此形成不同的关于历史与现实的体验模式。城市不仅在空间方面存在相互嵌套，而且在时间维度上创造了不同的轨道。不同的空间意味着不同的制度化基础以及规范，进而形成完全不同的时间规划标准。对于主体而言，时间在其不同的权力关系中是可塑的，而非固定的。它以一种完全有别于传统社会自然方式的时间化身份来理解世界，这种对个体身体的改变，可以使其处于不同的职业、规则或者象征文化的空间中建构不同的身份，这些身份一般又作为节点来选择权力关系。对于客体而言，物质基础与文化基础被建构起了身份化的时间符号，从宏观的历史现代模式到流行性的高速循环模式，时间即可以作为权力关系的一部分，也可以当作一种特殊的空间属性。城市的时间与全球化世界中被消灭的时间不同，流动的事件并非被压缩，而是被作为静态的标准化的关系而存在，正如柯泽勒克所说："叠加式的历史编纂对应的似乎是静态的历史体验，从事件到事件累积而成的新事物被登记了下来……世界还是世界，世界上的一切都还是原样，尽管人们已渐渐地死去。"[①]

城市时空的关系正在不断发生改变，这种合乎现代性的进程不断维持着自身的动态平衡。这并不意味着冲突、失序以及崩溃、不

---

① ［德］哈尔特穆特·罗萨.加速：现代社会中时间结构的改变［M］.董璐，译.北京：北京大学出版社，2015：301.

存在，相反它们是很多时空中的常态。城市时空根本上依赖资本主义的制度与技术，尽管它看似是相对独立的乌托邦。不同空间意味着不同的权力关系，构成了人们在城市中主体的新模式，它们都不能与现代化的主体趋势相分离，同样呈现不同的特点。

小结

在传统时空社会学观点中，空间观念通常依赖现实的物质场域，也就始终被人们当作一般社会学中各社会要素运动的载体。而科技革命所带来的社会高度复杂性以及剧烈的社会变迁，使得空间本身的再生产被当作有关资本主义、全球化与城市研究的重要议题而进入到晚近社会学家的视野。

社会学实证主义随着对空间现实化的理解占据了空间分析的主流，这种情况使得社会研究将空间，尤其是城市空间，作为形成变革的数据来源，一种统计的实践方式成为研究的核心，但这些方法论并不能解释这些差异以及异化的根源所在。

城市旨在自身的形式中反映某种地理空间，但现代性应当在自身逻辑中建立一种抽象空间。这种二元逻辑构成了现代性城市独特的特征：第一，现代性城市业已形成的规则与规划并非先天形成的，而是各种时空的现代形式塑造的，技术、习惯与理性共同构成独特的时空体系；第二，现代性城市中空间与时间的存在构成现实性与虚拟性的二重性；第三，城市时空不断创造新的事实，它们不仅在建构城市规则中起着重要作用，而且从个体那里不断得到回应；第

四，时间与空间自然性的丧失使得它们对社会性高度依赖；第五，现代性的城市时空，它不断变化以适应现代性并且对城市施加影响，带动了主体的自我关系与外在关系的变化。

现代性试图通过新的时空秩序创建时间－空间－制度的变化从而影响个体与城市规范之间的关系。在这个过程中，全球化与现代性对于现实的渗透和流动逐渐代替了宗教或者风俗的自我关系，这种逐渐形成的结构性原则就是资本主义城市建构的时空规训。

现代性并非简单意味着统一化与标准化，也不能简单理解为科层制、理性主义，这些只是它在城市时空中表达形式的一方面。现代性的基本规训更多被当作一种无论何种城市都需要其特性参与到全新时空构建的结构中去，它可以跨越文化限制，并且对个体的日常实践进行渗透，它适用于完全不同的文化结构与地理结构，并且渗透到城市的未来中。

现代性对城市的改造具有决定性的意义，这为城市中主客体与权力关系的搭建提供了根本的前提。现代性使主客关系具有了政治属性，现代性城市本身具有对生产关系和社会关系的改变属性，背后隐藏着以主体或者客体搭建的自然关系的属性；主体性的出让与客体的主体化编制了权力关系的框架，主体作为一种体现权力的话语中心与实践中心，是受到业已形成的权力关系限制的；权力关系总是存在空间中，在现代性城市中，它存在被现代性城市生产出来的空间性框架中。

第四章

身份与阶级：隐藏的图像

身体充其量将永远保持二重性，而且这也只是理论上的。客体与反客体：身体穿越并废除那些企图统一它的学科，在场与不在场：身体既是潜意识的在场又是主体的不在场，等等。当代精神分析（勒克梅尔）在划分了解剖学身体和性感身体之后，仍然是以身体的名义，在字母的制度下，确定欲望的运动永远是身体。因为没有词项能表达不在场：最好的词项也许仍然是身体这个词项，它曾在整整一段历史时期指称未发生的东西和被压抑的东西。不过应该意识到这一遗产的危险。身体的压抑地位过去给予身体的颠覆性特权，由于当前的身体解放而消失了。①

　　① ［法］让·波德里亚.象征交换与死亡［M］.车槿山，译.南京：译林出版社，2012：165-166.

一、身体、城市与权力

城市现代性的文化建构使人们在城市生活中实践性地构建着自我的身体。"身体"与城市的关系因现代性而联系紧密，身体作为对城市的一种生动的比喻，其物理形式和物理特征不仅用来与当代城市结构作类比，更是与潜在的行动权力连接在一起。身体作为城市空间的一部分，是重要的文化建构的客体，根据人们及其与城市世界的关系来定义自身身体的存在方式，在海德格尔看来，身体与地方的密切相关在精神上相互统一，身体由外在空间构造。反过来说，身体的特征、组成与大众表现是身体与空间接触的结果，并且作为意识形态、大众心理与社会流行的典型表征而被反映。

人们对身体的要求来自外界。外在的标准约束人们对身体的自

我要求，这不仅通过文化产品的意识形态化来体现，诸如时尚、传媒甚至修图软件展示的日常形象，同时通过物化的社会标准来体现，诸如街头人行道的栏杆、流行衣物的尺寸，它们作为无形的规范对人们的城市生活制造代入感，人们都在努力的创造意识中完美的身体，从而合理地融入所在城市的时空规范。对身体要求具备的时空性意味着，接触到不同的城市文化，现代性的外显形式是不同的，这种情况在同一城市中会随着时间的推移而改变。城市对身体的要求是具备时空属性的，它的背后是现代性城市中身体位置的话语体系，不同的身份面临不同的支配条件。从某种意义上来说，都市中身体的自我表达正是现代性城市多元异质性权力的显现。

城市中的身体意味着一种关系，从被让渡主体性的主体所产生的权力关系在个体有意识地建构中占据主导地位的形式而言，对于身体的建构通常是与个人所处的权力关系密切相关的。这导致了不同个体之间不同的象征结果，以及这些个体所表现的个人行为以及物质的、象征性的或者行为艺术的表达方式，相应地身体将自身放置到城市空间中的身份或方式，体现了个体形式和偏好的再生产，这也是身体在多元性的城市空间中完成社会化构造的过程。笛卡尔对思想与身体的分离的表述，更多意味着现代性很大程度上取代了个体对人生过程的达成。

现代性城市既是物质的也是社会的建构，更是多元空间的整合。每一个独立空间中的主体都通过规则与行为的行动符号来实现主体的自我关系。在城市社会中的身体被多重身份定义，正是这种多重

身份建构了独一无二的个体，并且这种独特性并非一蹴而就，也并非长期如一。城市时空的不断转换以及个体在其中的不断流动意味着流动的身体。我们很难定义身体化的某个个人，将一个人称作是一位担任银行经理的父亲只是把握了其拥有某一权力关系的两种暂时稳定的身份，这显然是远远不够的。当然我们也无需通过一个人每天的饮食或者穿着甚至更加细节的行为来对其定义，即使这些偶然性仍旧是某种或者某几种被规定的可能性之一。

当然，饮食、衣着这些流动性强的微观行为在建构身体的过程中仍然至关重要。这些流动性极强的特征往往背后蕴藏着社会性别、政治倾向或者消费喜好等潜在关系的制约。城市现代性很大程度上忽略了身体的先天生物学差异，从而在全新的城市时空情景中建构个人，包括他的性别、性向以及各种形式的认同感，某种意义上来说，身体由城市时空的情景定义。而人们在有意地关注自己的身体时，会选择建立某种现实的或虚拟的情境来进行自我强化。弗洛伊德在分析都市生活所产生的文化爆炸中认识到：

　　　　相较于接受刺激，防止刺激对鲜活的有机体而言几乎可以说是更为重要的功能。保护性盾牌的提供凭借的是它自身的能量储存，且必须首先致力于保存特殊的能量转化模式，这一模式会在盾牌内部产生作用，以抵御受到在外

部世界发挥作用的巨大能量的威胁的影响。①

这并不意味着身体与城市的脱离，相反这是一种通过寻找媒介与城市情景构成关系的本能手段。这种本能的自我保护表现出现代性与个人身体的巨大堕距。现代性的张力对城市时空的改造使得主体必须依赖某种自我保护的方式来应对现代性城市不断变迁所产生的刺激，主体对于自身主体性的让渡正是这种适应行为的表现。齐美尔认为：

> 漠然态度的本质存在于对歧视的迟钝中。这并不意味着像在傻瓜例子中那样，客体未得到感知，而是意味着，事情的意义和不同的价值，因而还有事情本身，都会被体验为非本质的东西。②

这种对陌生人社会的城市分析从另一方面表明了个体所在时空情境的效应。在现代性城市中，社会互动与人际关系必须通过某种时空情境作为媒介才可能成立，这同样是身体与权力产生关联的方式。

陌生人社会在这种情况下被提出，并且作为解释都市主体体验的重要表现。时空情景对关系的占用产生了主体与主体之间的陌生

---

① ［澳］斯科特·麦奎尔. 媒体城市：媒体、建筑与都市空间［M］. 邵文实，译. 南京：江苏教育出版社，2013：97.

② 同①，91.

感，同时通过这种方式潜移默化地削弱了人与人之间的权力关系，人们通常与所在的情境产生权力关系，而非与其他人。大型超市与百货商场之间质的区别就是消费者与货品是否可以直接接触，百货商场中的售货员更多以介绍、解释与协调的工具性功能而存在。这种事实满足了主体对距离感的需要，从而使主体与情境的关系从主体对时空的介入关系转变成相互生成的关系。这里，情景不再是一种价值中立的事实，而是与主体达成某种共识的生产方式，它借助主体进行时空再生产。

时空情境对主体的影响并不是偶然的。孤立的个体体验作为主体在陌生人社会中的行动结果更多不是与他人融合，而是与情景融合，主体对情景的依赖性变得空前重要。面对情景批量生产的个体体验，主体意识会在相同的情境与定位下寻找共同性。这种动力来源于主体与情景所产生的特殊关系——每一个个体只有在产生对不依赖任何情景的抽象人际关系不信任的前提下，才会在行动中体现出对某种时空情境的信任感。这种信任来源于双方权力关系的形成，主体已经接受了某种空间所建构起来的特定的行为特殊性。例如，消费者会在超市收银台自然地交换货币与商品，而不能在街边随意去相信一个收银员，这两者的区别不在于双方人际关系的差别，而是情景的差别。这种信任很容易造成群体行为或者建构新的人际关系，例如，一个人会因为演唱会中同样狂热的粉丝而结成好友，这种信任是通过场景为媒介所建构的，并改变了人际关系的模式，填补了由于陌生人社会所造成的空白。

人与人之间的关系必须依赖一定的时空情境，在此基础上产生

关于身份与身体的差异。个体可以呈现为不同的身份甚至身体的结果，这种差异取决于与主体的身份认同相关联的时空，在商场里人们可能以某种身份为核心来建构自我行为，此时的个体内在预设了关于消费者的身份与追逐某些类型消费品的范畴，而走出商场大门后他可能会变成一个美食的探险家。现代性使得人们的行为不再是简单的构成主客关系，传统观念中的经济关系、人际关系以及人与物的功能性关联都可以被多重身份的个体取代，这种不断变动的身份与相适应的情境共同构成个人的身体，并且以主体的姿态参与到时空的再生产中。其中，个体的身份象征着主体性，而依托的情景则象征着被让渡的主体性，这就意味着我们必须要看到两者共同构成了人的身体，并且根据身份与情景的流动来完成权力关系的变化。每一个身体都有一系列围绕的语境和权力模式，在实践层面，可以进一步地理解身体作为主客关系的产物从城市时空中获取的权力关系，并且思考性别、阶级、年龄这些权力符号带来的不平等关系。

性别的认同就是典型的时空权力关系的产物。社会性别与自然性别依据主体的行动模式而被建构，并且形成了一连串的身体特征。这建立在这对矛盾不同的话语体系上，主体在男性空间与女性空间中游走，其接触到的知识、习惯与价值促使其接受哪方面的权力关系。在这个逻辑中，社会性别与自然性别的不一致并非是刻意追求的结果，而是社会中自然形成的。这些行为在现代性城市中被当作"正常"的少数派，这是没有认识到主体对于自身选择把控的有限性，同时承认这是现存空间结构的正常产物，即使是反对者也得承

认这一点的重要性：

> 与此同时，由政府所设计、基于信仰的组织所支持、社会服务和教育机构所强化的公共政策，将标准的性别特征和性别组合优先化了。举一个例子，一个遭受药物滥用之苦、被确定为从男到女的变性人，也许需要表现出一种她自己可能并不认同的社会性别认同，因为治疗机构一般会按照自然性别将它们的当事人分隔开来：男性或女性，从生物学上来决定。①

性别、阶层、种族这些典型的异质性不断在城市中建构属于自己的内部空间，并在自身内部与其他空间形成一整套规范与权力关系，这不仅意味着现代性对不同价值观和象征权力的包容，同时表达了不相兼容的城市内部环境。城市现代性通过对诸多异质性本身的改造来试图形成平衡，这代表着空间存在权的平等关系与空间之间内部的不平等关系，包括许多二元关系在内的要素呈现他者性，这在性别、种族与宗教以及法律身份中表现得尤为明显。这正是空间维度的平等带来的城市价值上的中心－边缘结构。

任何空间对于其内部而言都存在权力核心，但是城市的多元化空间的中心－边缘结构意味着许多空间的权力关系仅仅在空间

---

① ［美］卡洛琳·加拉尔，［美］卡尔·T.达尔曼，［美］艾莉森·芒茨等.政治地理学核心概念［M］.王爱松，译.南京：江苏教育出版社，2013：289.

内部是平等的。异质性结构组成了关于城市形态的特殊性，这种特殊性促进了分歧、冲突以及隔绝等一系列因素的生产与蔓延。关键是这种价值和身份的多元差异塑造了大量关于身体的话语。依赖于分化的空间与不平衡的权力关系，身体不仅被不同强度的空间整合与撕扯，同时被灌输了不同的权力关系。身体的行动一定意义上参与了空间流动的动力，但其中隐含的不平等是难以磨灭的。

任何现代性城市中，整合、流动与割裂、分歧都是同时存在的。一方面，这是建立在全球化与现代主义所构成的理性化、实证主义与工业性生产基础上的现代化基本形式；另一方面，这是建立在历史－地方结构下的习俗、文化和传统。这种分歧同样不是单纯的呈现分离与冲突，而是现代性在城市现代化的过程中，通过整合形成城市异质性结构，而结构中不可避免地存在边缘化。这些宏观的事实建构了人的身体。换言之，不断变化的身份和情景意味着权力与空间的不断联系，由于异质性空间的存在，占据主导地位的城市空间中的性别、阶级与种族并不会过多地涉足他们所认为的亚空间。这些空间都平等地存在，并且形成自身的文化、价值与象征系统，在这个前提下，城市中相当一部分身体的他者性就越来越难以避免。这些事实即是城市包容与和平的根源，也是冲突与分歧的根源。

二、空间、不平等与阶级生产

每一个城市中的个人不仅通过身体被建构与他人的不平等关系，

也能发现城市中的不平等事实并非孤立的存在。人们通过身体对空间的感知，使得关于不平等的认识可能往往依赖于空间的性质。晚近资本主义号称消除了阶级分化，并且创建了中产阶级的城市，阶级关系没有一百年前那样具备强烈的政治性，关于武力与暴力机构支配下的阶级不平等逐渐消失。现代性城市的去政治化形成的自由空间，正是在后工业时代的城市中构成了种族、性别和文化之间的多样性和复杂性空间。就像我们前面所说的，现代性城市内部的中心-边缘结构造成了空间之间相互隔离，这些通常是比较具有决定意义的要素，如政治与经济地位、话语权与城市区位，从而制造了事实上的不平等。在工业革命初期，阶级矛盾表现为游行与暴动这种比较极端的形式，同时存在着严重的种族与宗教歧视，这些权力关系随着现代组织形式与技术革命的进步被引导到一种平等的空间关系中。事实上，城市中空间关系的平等掩盖了城市空间结构中的他者性，从而将显在的不平等内化在身体及其归属群体的权力关系中。在公共空间中：

> 由于空间内部预期的行为模式反映了特定的文化价值观，因此，空间强化了文化。正如西布利所说的，排他性对于景观和空间的创造而言是十分重要的，它创造了所谓的排他空间。权力就是通过某些群体的空间垄断以及将某些弱势群体排斥到其他空间而表现出来的。然而，西布利接着指出，这些权力关系通常被认为是日常生活中理所当然的"本质部分"。这导致了罗伯特·杨所说的文化帝国主

义，以致社会中的统治权力关系变得"不可见"了，而没有权力的群体被作为"其他人"标识出来。①

所以，不平等在城市空间中更多作为一个关系概念而存在：异质性是城市空间结构的先决条件，而其中产生的差异则在城市空间的权力关系中被制造出了不平等。从某种意义上说，城市中社会不平等是权力关系的产物，它与主体的身体密切相关。

传统方法中的社会阶级研究存在中心观念，马克思将经济基础作为衡量社会阶级的最关键因素，韦伯则是基于多元因果论提出了著名的财富、声望、权力模式，大多数社会科学家在此基础上通过阶级与阶层研究审视不平等，进而提出了阶级分化的若干维度。这种匹配工业时代状况的方法划分了明显的二元对立关系：资产阶级与无产阶级由于对生产资料的占有而分化，或者社会流动中以是否掌握权力、是否拥有资本为标尺。布尔迪厄进一步发展了不同的资本模式，从而将区位、教育以及性别等方面纳入阶级划分中。这些理论暗示着一些要素对于阶级划分而言非常重要，从而形成了阶级的要素－阶级的身体模式，并且使其内部划分越来越复杂、流动性越来越强。

现代性城市时空多样性提供了复杂的不平等研究划分的背景，资产阶级－中产阶级－无产阶级的划分模式已经略显粗糙而且不适用

---

① ［美］保罗·诺克斯，［美］史蒂文·平奇.城市社会地理学导论［M］.柴彦威，张景秋，等译.北京：商务印书馆，2005：58.

于现代性城市。不平等以异质性为构成的前提，就必须存在于某种空间关系中。主体的身体与空间之间的权力关系意味着空间结构的中心-边缘模式同时在塑造相对应的身体。如果基于这个前提，二元对立的划分方式就不再适用了，城市多重空间已经无法用多个传统模式清晰地划分阶级了。

显而易见的是，简单而明确的阶级结构概念在面临着越来越多的争议，它们在分析城市中阶级的权力生产方面不像在宏观国际政治中具备说服力。社会分层的概念与空间的联系越来越紧密，这使得身体对于空间的依赖可以被纳入分层机制中去。多重空间的存在意味着不平等不再是几种指标简单建构起来的对立关系，而是依附城市空间权力关系存在的。这样，一种新的阶级划分方法需要更加动态的、细化的阶层概念才能更有效地操作。

城市结构与人活动的复杂化使得传统阶级评判标准的指标逐渐增多，从资本到权力、声望、教育、文化等方面，但是即使穷尽这些要素仍然无法得到一种确定性的解释，这就来自于人们身处多重空间中的位置要求制约了一系列要素的成分，而阶级划分总是希望用一系列的指标概括城市社会的全貌。如果说最上流的阶级和最底层的阶级由于其掌握资源的绝对优势与劣势可以一定程度上忽视这种空间转变所导致的差异，那么广义上的中产阶层无疑是最为复杂的。对于一位中产者而言，某种空间可能意味着他处于弱势地位，但他却在某些条件下处于中心地位，这意味着其中存在着非常多的不平等，而主体则是时强时弱的。

这种微观角度上的不平等很显然已经影响到了阶级的划分。

对于传统的阶级划分法而言，这种事实往往是不重要的，因为权力-资本关系不平等的重要性正是在于把阶级定位为关于对两者占有以及占有机会不平等的结果。所以，在阶级与阶层研究中的一个显著的现象就是：较高和较低的社会位置是相对容易区分的，在垂直范式中经济是社会结构最重要的决定因素，但通过这种分析方式应用于中产阶层显然是十分勉强的。

现代性城市意味着一种全新的结构范畴，空间多重性显然对不平等的表现形式和组织形式以及进一步的阶层划分起到至关重要的影响。城市空间是多重性的，而多重空间存在结构上的不平等，从而构成一系列的空间权力关系。对于个体而言，城市现代性的一个重要问题就是个人所处的位置与其获取资源的关系，这可以被理解为身体与场景共同建构了主体的权力配置，进而决定了阶级。所以，阶级的生产并不完全依赖一系列资源的获取，而是依附所在空间的资源关系，是通过城市的空间结构确定的。这就意味着空间在个体阶级划分中的重要地位：

> 因为客观现实总是依赖于一种不存在的异物，因此它总是必然被这些异物所玷污。所以，身份不能只属于某一个人，也没有一个人只属于一个身份。进一步我们认为，由于每一种身份都是合成过程的结果，因此不仅不存在"本质的"和"原创的"的身份，而且这种过程本身也必须被看作是一种永久的混杂和变迁。实际上，身份是大量产生与空间

内部的相互作用的结果，而且它的边界是不确定的。①

所以，城市空间的多重性意味着多重身份的个体由身体一系列的不平等所建构，这些有的基于经验基础，有的则是抽象的。阶级与阶层意味着多重性空间权力在行动者中的共存，这种现实不仅强化着个体，也强化着共同的空间。而城市中的阶级与阶层构成的复杂关系使这两个概念无法有效地划分层次，从而使我们在这里混同而论。在殖民理论学者的研究中：

　　"认为一种文化比另一种文化要优秀的观点被后殖民理论的另一个关键概念，即文化杂合所摧毁。这个观点认为所有的文化都是一个混合物。为适应文化杂合的复杂过程，大量的新词喷涌而出。例如，处于统治地位的文化和处于从属地位的文化间的相互混合过程被称作跨文化。这与克里奥尔化的概念有些类似，该概念最初是用来指殖民主义者与本地居民通婚的（即异种交配），但是现在使用它具有更为一般的含义。游牧化和反地域化这两个词也被用来指身份隐喻意义，或者作为地理迁移结果的不稳定定性。这些相互混合发生的地理区域也可以称作阈限空间、异位、

---

①　［美］保罗·诺克斯，［美］史蒂文·平奇.城市社会地理学导论［M］.柴彦威，张景秋，等译.北京：商务印书馆，2005：59.

边疆、混合地或者第三空间。①

这同样从宏观角度给定了关于权力不平等内部的文化不平等的事实。空间伴随着个体的工作、职业与住址的建构形成了关于阶层现实的聚居区，这种聚合同样意味着分化。由此形成的空间结构逐步使得同质性较强的群体，也就是传统概念中的同一阶层的群体，共同形成一种城市空间，人们实现了相对的平等，并且形成了与其他异质性空间的隔离。

这种城市的空间结构不仅促使生产者隔离，并且进一步促进不平等的再生产。我们会明确的观察到，在西方大都市中的复杂身份构成在不同的时间节点都会产生明显的流动。如果说大城市中通过资本、权力、财富以及性别、种族所划分出来的网格化的不平等模式，在某些时空中会发生明显的扭曲或重构，它的动力来自个体对于自我身份的把握，同时是情景主体化的结果。同一身体根据空间的不同构建了权力的流动性。而我们观察个体的阶级归属，要综合个体所处的空间与其自身身份有着明确、稳定与不断生成关系才能得出结果。

现代性城市中的不平等，来源于个体在不平衡权力结构中的位置，这些权力结构的背后，是空间结构的不平等。城市阶级是空间结构不平等的集中体现。

---

① ［美］保罗·诺克斯，［美］史蒂文·平奇. 城市社会地理学导论［M］. 柴彦威，张景秋，等译. 北京：商务印书馆，2005：55.

三、阶级的空间实践

资本与权力模式也许能够是我们辨别一个人的大致社会地位的要素，但很难进一步确定他在复杂社会分化中的位置，这两者作为对于个体权力关系重要而且不可或缺的资源，都会在主体参与实践的空间中发挥作用。进一步来说，空间意味着以这种关系为基础架构。在城市空间辩证法中，整合到某一空间权力所形成的实际权力关系中的资本－权力指代着空间结构对于经济－政治因素的强调，而任何阶层的主体在空间中实践的先决条件仍然是这两者。与前面所分析的阶层与阶级划分的不确定的现实不同，主体在空间中的实践仍然将这种基础性的因素作为构建身体与情景一致性的方式，从而使空间作为一种阶级或阶层使用权力的方式。

作为复杂分层中的其他因素，在建构阶级与阶层的过程中呈现出流动性与抽象性，如集中于教育、资源、信息、人际关系以及某种特长，这些共同构成了个人的身体，并且自觉选择了相关的空间情景。布迪厄的地位理论就解释了这种多维的集中，这里的地位不是由单纯传统的资本－权力模式决定，而是由经济资本、社会资本、文化资本、政治资本一系列宏观到微观的产物共同决定的。然而，一旦我们开始采用这种多维度的方法，在垂直社会结构中清晰的社会阶级图景就变得模糊起来。

马克思·韦伯的阶级阶层划分理论所构成的典型分层难以适应当今的城市社会。城市空间的多元化暗含着不同的资本－权力的经济政治关系，在此基础上，阶级或阶层群体在多重空间中形成建构

性的体系而非固定化的模板。这不仅意味着城市不平等是被建构的，而且能够判断阶级阶层并不是在单一空间中形成的。对城市现代性而言，随之而来的两个问题就是在城市空间中的环境建构是如何分化阶级阶层的，以及城市空间内部的权力关系是如何稳固阶级阶层所产生的地位及其认同的。在这里，空间中的权力模式正是连接这些身体与情景之间的建构方式的。

空间政治意味着城市空间内部自有的权力体系与规范，这点我们在前面已经进行论述，这并非传统政治、经济、文化的单一模式，这些要素在任何一个城市空间中都不是单独作用的。这意味着一种完整的权力模型，它不仅意味着空间中人们的行为模式与身体体验，更代表了空间权力关系的框架。在这个框架中，个人行为与空间结构不断被产生的权力关系反复重构，并形成特定的具备独特指称的表达方式。在同一空间中，相同的表达方式被建构成为符号、习俗与不成文的规则，作为权力关系框架的实践形式，并且对应着一定的阶层与阶级。城市社会学者在研究城市微观现象以及亚文化时，通常选用扎根融入当地的方式，以图学习空间内的行为模式与表达方式，并且尝试在交往时间中获取符号的意义。这意味着城市空间，尤其是处于边缘地位的空间，在与城市共用同一的规则体系、语言与部分文化符号的同时，改造了这些对象的内在意义，并且编制了完全不同于表象的权力结构：

习俗涉及对阶级、种族、社会性别关系和地方的特定客观状况的反应，但是它是大于这些部分的加和。它由特

殊的一组价值、认知结构和指向性实践构成，是感知和评价图式的集合，它通过普通地方的日常实践、衣着符号、语言使用、态度和物质消费形式，从其成员的次意识层次的日常经验与行动中抽取出来。其结果则是一个"管制的即兴创作"式的特殊文化政治，其中"生活方式的每个维度和其他维度一起符号化"。①

在美国一些城市中，一些群体利用纸币承担着不同的特殊含义，而另一些城市角落中则将习以为常的事物作为禁忌。如果不能有效搭建一定的权力关系，那么空间就会产生对于外来者的排他性。

排他性权力象征着城市空间的政治形塑，并且通过权力关系框架的建构，达成空间内的文化、政治与经济关系的秩序。空间政治并不是意味着对内的支配感，而是对于外部的排他性，后工业城市的多元文化及其变迁是资本主义民主政治的一个结果，多元化不仅反映在城市的空间结构中，也产生于空间内部，这意味着并不是同一空间中的全部主体都是相同的阶级阶层，其中同样存在地位与权力的分化，一些人在其中呈现权力支配者的地位，而一些人在其中被支配。就单一的空间而言，不平等在空间内部事实上形成了阶层与阶级，这也逆向证明了我们并不能从多重空间中寻求某种指标性的评判标准，而是只能依靠空间关系来判定。

---

① ［美］保罗·诺克斯，［美］史蒂文·平奇.城市社会地理学导论［M］.柴彦威，张景秋，等译.北京：商务印书馆，2005：248-249.

在空间中的生产、消费、文化习俗或者以独特的形式，或者以独特的符号化关系来构成空间权力关系。排他性更多体现于空间之间身体的流动与重构中，这点在与主流的城市空间存在差异的空间中表现得尤为明显，这些个体行动存在于权力空间中，由于权力关系的不同从而在行动中、在自我的身体中再生产这些实践方式，并且试图在这个逻辑中获得更高的话语权。空间的逻辑特征逐渐传播到身体中，主体不仅仅处于这种环境中，并且包括对某些意义的生产与消费，这种行为模式构成了一种阶级阶层习惯。

在身体建构的过程中，个体流动于不同的空间中，它们集合起来就是一个人在城市中的生存轨迹。在这些空间中不同的权力关系围绕于主体，身体所感受的多重空间的支配性的编码建构了人们关于不平等的体验，并且形成了在不同空间中的生活与实践模式。当个体的这种模式表现得越强烈，以及某种空间在身体建构中越重要，伴随着个体对于空间的权力依赖性越强，其主体就越来越指向于某个阶级。

权力关系充斥于空间中，关系性权力一般就作为一种直接的、主客关系统一的方式建构。空间权力关系所构建的不仅是主客关系，而且呈现为主体之间的互动与客体之间对环境的构成。在同一空间中，关系性权力呈现为主体之间、客体之间以及主客关系的一般形式，对于依赖于双方共谋的关系方式，其中必定存在一种统一的象征体系。如果说排他性权力意味着空间之间的异质性，那么关系性权力更多意味着空间中有效的建构与阶级阶层相关联的情景的秩序。

在空间中主客体关系的建立中，存在这样几种不同的形式。第一种情况是，具备一定资本－权力的个体拥有一系列权力关系的主导地位，对各类资源也占据主导地位，在现实中处于支配地位的主体，围绕其的权力关系一般是以此为核心的。这样，个体拥有了可以任意建构话语的权力，一定程度上成为以经济或政治为主体的权力结构的主导。这种权力以主体为核心向周围扩散，使得主体处于一个较高的位置上，成为空间内现实阶级阶层的主导者。第二种情况是，在相对边缘化空间中或者空间相对边缘化的群体中，构建稳定而明确的关系有利于空间或群体秩序的建立。某一主体由于地域、种族、宗教等原因无法与城市主体建立联系，例如，某些非法移民甚至无法走出聚居区寻找工作，与其他市民的交流十分困难，甚至受到抵制。这些现实意味着同样情况的主体的聚集，并且自发形成社区，构建出一个新空间：

地理学家发展了越界和抵抗的思路，将边远地区概括为相对弱势的群体组织起来形成抵抗和合作的自身文化场所。例如，所谓美国的"同性恋贫民区"通过政治性组织、创造性行为和行动力将受迫害的边缘地带改变为相对富足的同性恋文化生活中心，并在此过程中创造了新型同性恋身份认同。与此相似的是，在许多种族化区域，另类经济发展起来，民族企业家将异样价值观和思想带到更广泛的受众中，在此过程中使之更为主流化。这种渐变式的去边

缘化有可能将受排斥人群带入主流。①

　　这包含着空间内部存在独立的原则，这些原则架构了新的时空控制的形式，在主体之间以及主客之间形成关系性权力。对于这种空间本身而言，又对外部形成了排他性。而城市现代性对于亚文化的整合在消费实践上消解了中心－边缘空间结构的刚性冲突。

　　关系性权力同样呈现于主客体之间，形象化的规则所表达的权威都隐藏在空间的公共领域中，而且不再以支配性为形式表达话语。权力作为一种物质化的话语，对个体感知为一种体验，它所形成的权力的背景正是个体关于情景的体验。在空间中，不同的身体意味着在场景中产生不同的关系，这种规则话语的表达，意味着身体的实践形式受到与其所处的关系的密切制约。例如，很多餐厅禁止带婴幼儿入内，这里年龄就成为构成消费关系的区分。

　　这种类型的权力依托在空间公共话语对交往的定义，这个空间就不会被某些强制性的支配权力所充斥。这种权力形成的以阶级阶层的建构为核心的特定的问题，是关于话语、权威和主体性相关的论题，同时通过一种多重关系的身体化形式建构个体所在的阶级阶层。正是一系列的关系形成了一种全新的规则，并且从构成人们的阶级阶层日常时间的方式发展成有关行为模式的文化。

　　在此基础上，如果我们认为支配性权力是基于中心－边缘空间

---

① ［英］彼得·丹尼尔斯［英］迈克尔·布莱德萧，［英］丹尼斯·萧等.人文地理学导论：21世纪的议题［M］.邹劲风，顾露雯，译.南京：南京大学出版社，2014：360-361.

结构所产生的空间之间的相互排斥，而关系性权利则是某一空间内部结构通过对特殊不平等的建构从而构成空间内部秩序的形式，那么象征性权力则是沟通不同空间之间的方式，也是最能够从城市宏观意义上建构阶级阶层秩序的权力模式。

　　不同空间所代表的不同亚文化通过不同的象征手段将中心－边缘结构在某些方面同质化。城市对于不同种族、宗教、习俗以及政治地位一系列亚文化的包容，一方面存在于对亚文化空间的改造，另一方面则是通过消费文化使亚文化符号突破空间的界限。

　　在现代性城市中，无论任何边缘的亚文化空间始终是城市的一部分，并且被整合在统一的城市功能中。城市物质性是无法被排斥的，任何区域都必须接受街道规划、街灯亮化以及容纳工业生产（这里所指的是不同的亚文化空间都要接受工业生产，而不是出于区域规划与地价的角度），那么就必然接受一系列微观场域的支配性或者关系性的权力规则，在此基础上，对于都市生活的习惯本身就是一种象征权力。另外，建筑、街道及其构成的时间规则（路灯亮化的时间限制以及街道限行，或者超市的营业时间限制）象征着现代性生活模式，而非亚文化的规则。写字楼意味着科层制，而处于边缘空间中的象征意义，一方面压制了纯粹亚文化的某种日常实践习惯，另一方面，贫民窟的写字楼与华尔街写字楼的规模、装潢与商家的资本能力象征了两个不同空间事实上形成的结构，前者的公司可能要受到后者的支配。即使在其中的白领阶层属于少数族群或者具有贫民窟背景，他实际上是被纳入关于写字楼阶层分化的主流中：

早期的例子包括维多利亚时期的工业资本家，他们具有要将自己的成就用建筑物来表达的迫切感。曼彻斯特中心的十字街区到现在依然被维多利亚精英们批准而强加修建的哥特式建筑所占据。这些城市精英头脑中充斥着积累财富和展示财富的念头，但是审美的眼光又相当的庸俗，他们把自己的价值观深深地烙印在了这座城市的中心区。曼彻斯将"是一座自信的城市，她的每一块砖、每一栋建筑都传达着信心，延续着并向我们展示着未来岁月的辉煌"。由于小商人、小资本家失去了合作的基础和国际资本，成就和财富的象征就变成了以集体结构为主导，巨大的办公楼街区，如波士顿的普登雪大厦、巴黎的皮瑞利大厦，即使它们还有管理或其他功能，都清楚地表明了其作为集体力量和集体成就的代表的意图。当然，在更普遍的水平上，整个中心城区的所有办公楼和商业大厦的复合体都可以被解释为"中心区精英"力量的象征。同时，其他机构也可以在城市结构这张纸上叠加其自身特殊的表述。大学、贸易公司总部、文化中心以及其他类似机构的主事者不能（或不愿意）采用这种高耸建筑的粗鲁表达方式，而通常回归到使用新古典主义和现代主义相结合的表达方式。这种方式适用于通过深思熟虑的想象而不是生硬的权力来修建承载权威

的任何建筑，并已成为国际流行的形式。①

相比来说，小公司的白领与老板的阶级分化，与小公司白领与大公司白领的阶层分化相结合，构成了空间内部的横向分化与空间之间的纵向分化的结构，我们不是去判断哪种分化更加具有根本性，而是需要观察不同的身体将自我归属于哪一阶级阶层中。

消费文化的特性将不同亚文化呈现为消费品，通过主流空间人们对亚文化符号的认可推动了边缘空间向中心空间的经济交流与认同。

在多元空间的城市中，空间结构的复杂化同样面临一个积累的过程。在此过程中，城市阶级与阶层话语日益复杂，并且空间之间相互联系与隔绝同样在增强。城市规模与异质性的空前增大很难就此而言定义阶层与阶级。阶级阶层的生产依赖身体对空间的感知，并且在城市中获取对空间话语的适应、定位以及融入。就作为城市的事实而言，不同的阶级阶层可能大多是通过集中特定的抽象生产方式建构而成的，形成迥异的身体化形式，从而在实践模式中呈现巨大的差异。

基于不同的身体化形式，不同的阶级阶层对城市空间的理解必然是不同的，它呈现为对城市结构的认知、对日常实践的重要空间的选择、对自身所处地位与意识形态的感知等方面，我们通常将资

---

① ［美］保罗·诺克斯，［美］史蒂文·平奇．城市社会地理学导论［M］．柴彦威，张景秋，等译．北京：商务印书馆，2005：250.

本与权力流动最为显著、现代化最为集中的空间置于主导地位，将其当作是中心－边缘结构中的核心空间。典型的都市中产阶层依赖消费空间及其职业空间，并且具备较为中性的民主观念。不同阶级阶层面对的不同意向，一方面是身体对于身份选择与认同的结果，另一方面是被身体进一步建构起来的权力实践模式，在不同阶层的主体眼中，城市的事实明显是不同的。

与任何阶级阶层活动的空间一样，他们按照自己特定的身体构建的权力意味着这一阶级阶层的认知距离。我们将多重空间中的阶级与阶层引入这个概念：

意境地图结构的深层面是一项元素之间的认知距离，它是意境地图的又一个重要方面，引发了众多学者的研究兴趣，经过研究还发现了许多重要的规律。认知距离是贮存与环境认知表述中的空间信息基础，产生于一系列机制，包括人脑对可视物之间距离的感知、可视环境的结构和使用方式以及地图或路标等环境符号标示物的影响。①

身体为自身所处的阶级阶层构建了一整套认知与感受现实的评价体系，在其中呈现个体的大概实践范式与行动基础，这与城市结构的微观构造关联性不大，而与多重空间的空间政治事实密切相关。

---

① ［美］保罗·诺克斯，［美］史蒂文·平奇.城市社会地理学导论［M］.柴彦威，张景秋，等译.北京：商务印书馆，2005：279.

划分阶级与阶层不仅靠个体的静态权力关系与资本−权力的拥有，还通过个体在城市空间中的实践结构的确定。

　　关于不同阶级阶层之间立场的不断转换，可以使我们在多重视角下观察一个城市的不平等及其差异。在多元空间城市中，主流认知往往对某些空间充满偏见，不同的文化产生冲突并上升至文化歧视层面，象征符号对应着选择它们的身体，人们在其中产生相互支持并且不断理解所在空间的意义。传统的阶级阶层模式并不是这里讨论的重点，事实上我们只给出了一个比较模糊的概念，这并非意味着对传统划分的否认，而是希望城市研究中要充分重视到这一复杂的现实，以避免阶级或者阶层的刻板印象对人们在获取经验或者理解他者的过程中产生影响。

小结

　　城市现代性的文化建构使人们在城市生活中实践性地构建着自我的身体。"身体"与城市的关系因现代性而紧密联系。人们对身体的要求来自外界。外在的标准约束人们对身体的自我要求，这不仅通过文化产品的意识形态化来体现，同时通过物化的社会标准来体现。

　　现代性城市既是物质的建构也是社会的建构，更是多元空间的整合。每一个独立空间中的主体都通过规则与行为的行动符号来实现主体的自我关系。正是这种多重身份建构了独一无二的个体，并且这种独特性并非一蹴而就，也并非长期如一。饮食、衣着这些流

动性强的微观行为在建构身体的过程中仍然至关重要，这些流动性极强的特征往往背后蕴藏着社会性别、政治倾向或者消费喜好等潜在关系的制约。

孤立的个体体验作为主体在陌生人社会中的行动结果更多的不是与他人融合，而是与情景融合。人与人之间的关系必须依赖一定的时空情境，在此基础上产生关于身份与身体的差异。性别的认同就是典型的时空权力关系的产物，社会性别与自然性别依据主体的行动模式而被建构，并且形成了一连串的身体特征。

不仅每一个城市中的个人通过身体被建构与他人的不平等关系，也能发现城市中的不平等事实并非孤立的存在。传统方法中的社会阶级研究存在中心观念，马克思将经济基础作为衡量社会阶级的最关键因素，韦伯则是基于多元因果论提出了著名的财富、声望、权力模式，大多数社会科学家在此基础上通过阶级与阶层研究审视不平等，进而提出了阶级分化的若干维度。而现代性城市时空多样性提供了复杂的不平等研究划分的背景，资产阶级–中产阶级–无产阶级的划分模式已经略显粗糙而且不适用于城市。多重空间的存在意味着不平等不再是几种指标简单建构起来的对立关系，而是依附城市空间权力关系存在的。这样，一种新的阶级划分方法需要更加动态的、细化的阶层概念才能更有效地操作。

第五章

城市行动：消费与喧嚣

社会学的任务就是要去突破没有活力的系统和堕落的意识形态，尽可能突破纯粹个人主义的幻觉和对颓废的迷恋，以便于把演出者鲜明地呈现出来，并让他们的声音被人们听到。因此，社会学家应该让他们的分析远离一个社会自己持有的话语，并且让自己的工作紧密地接近情感、梦想以及所有那些假定的演员生命的创伤，但是，因为意识形态和政治组织的形式远远落后于真实的当代实践、观念和感受，这些创伤又不被人承认。①

---

　　① ［英］斯蒂芬·迈尔斯 . 消费空间［M］. 孙民乐，译 . 南京：江苏教育出版社，2013：197.

一、消费与合意

如果询问一位路人，城市对于他来说意味着什么，得到的答案一般不是教科书一样的定义，而多半是关于对自身需求满足的方面，如工作与生活。资本主义将城市建设为一个无所不包的空间，这个空间随着雇佣劳动的兴起而变得以金钱为核心。这种阶级关系的建立逐渐将商品凌驾于个人之上，商品作为维持资本流动与个体生存的事实，在资本家与无产阶级那里都变得不可或缺。商品及其消费成为权力关系的重要形式，并且在城市中进一步形成消费空间。

就资本主义生产关系的本质而言，无论阶级阶层关系及其资本分配进行了怎样的调整，除了带来消费水平与商品生产水平的变化之外，本质上仍旧呈现为资本－商品－消费的循环关系，我们认为这

同样是城市空间结构之间的黏合剂，同时是贯通中心-边缘城市空间结构的主要实践。城市是人口的集中地，意味着它就是商品的集中地，而商品生产及其资本流动越密集，阶级阶层带来的消费分化也就越明显，城市是最具有商品消费敏感性的空间。

随着马克思主义物化理论的提出，资本主义权力模式实现了暴力的逐步消除，随着晚近现代性城市中公民社会的兴起，消费代替生产成为后工业乌托邦的主要特征，随着现代性对诸领域的席卷建构了民主化的话语。所以，在大众媒介的渲染下，消费处在现代性城市实践的核心部位，潜藏着公民政治的衰落。

同样的，中产阶层的兴起意味着资本主义将更多的支配权力让渡给主体与商品之间的关系，现代性城市正在逐步将生产与作为生产力的人置于后台，而将消费与作为消费者的人放于前台。城市的繁荣与自由所承诺的不再是天赋自由、公民权力与足够的工资，而是承诺丰富的商品、对于个性的满足以及对主流充分发泄的文化形式。

在本章中，城市作为现代性的典型实践，作为公共空间的核心，以及作为阶级、阶层、宗教、性别的聚集地，我们要解释城市中的消费行为是如何建构一种和平的权力，使资本主义内在矛盾掩藏的，又是以何种的权力关系形式达成权力的合意，这样的变化是否只发生在个体实践的层面，消费是怎样重构主体、商品与城市之间的权力关系的？在真实的城市中，文化、消费与主体体验是密不可分的。城市的文化繁荣与膨胀看似兼容并包，即使它们离经叛道、毫无价值甚至是有伤害性，也并没有被强迫、管制与消除，取而代之的是

空前多元的商品生产：

> 因此第一代嬉皮士极尽所能地来突破20世纪50年代社会的服饰准则：男人留长发和胡子，拒绝穿正装打领带；女人开始穿超短裙，抛掉乳罩，不再化妆等。但是没过多久，这些特点和服装形式开始出现在广告和商店橱窗里的模特身上。很快，百货商店开始出售和平饰物和爱珠。也就是说，"体制"似乎不把嬉皮士看作对现行秩序的威胁，反而将其看作是一个营销机会。朋克摇滚的经历也完全一样，甚至早在"性手枪"乐队解散之前，品牌别针扣已经在伦敦高档商店里销售了。[①]

文化与消费的节奏反复且融为一体，快速循环。与现代性文化生产一致，现代性消费主义带来一种抹除阶级差异的世界观，使之完全摆脱以服饰等形式的消费象征系统。民主话语首先表达于消费空间，这种反复的实践再生产是每一座城市的现代性，对城市权力的模式产生颠覆性的影响。

进而，现代性城市提供了这样一个背景：消费空间的无微不至的权力关系对城市社会带来的深刻的变迁，在消费空间中主体的行为构成了消费资本主义的重要环节之一。这表现为民主而又平等的

---

① ［加］约瑟夫·希斯，［加］安德鲁·波特.叛逆国度：为何反主流文化变成消费文化［M］.张世耘，王维东，译.上海：上海译文出版社，2014：33-34.

城市消费空间环境以及中产阶层的膨胀。由消费者、消费品、大众媒介与消费景观所组成的消费空间的风景为不同的异质性形式提供了一个平和而自由的环境，这些风景容纳着多元文化，并且容纳着不同的阶层，这正是消费主义建立一种乌托邦空间所支撑的形式，它的背后是关于不断加速的流行制造，智能生产以及高度发达的物流系统，使得全球化的因素能够被聚集在可能实际面积很小的城市区域中。在这个区域中，摩天大楼、庞大的城市综合体与街边专卖店共同构成了消费空间的立体结构，并且在看似丰富而杂乱的空间中实现分层。当然，拥有绝对财富的那一部分阶层绝少会光顾这里，除此之外，就算是失业者，凭借社会福利也足以在此消费。

消费空间的阶级性与特殊性被无门槛的准入机制所代替，这代表了大众消费品象征意义的弱化，并且这种弱化越向中低阶层方向就越发强烈。作为民主系统的一部分，消费空间建立了与几乎所有空间的有效权力关联，并且这些关联是最基本的金钱与服务的流动，从而形成了对于身体塑造的工业系统。所以，城市消费空间与其说是服务于人的地方，不如说是一种保持资本运作、驯服文化冲突以及塑造个人身体的机械系统。

> 大型购物中心、主题公园、画廊、博物馆、多功能复
> 合影院、设计师公寓、娱乐城、体育场以及公共消费场所，
> 给我们提供了一面自我观察的镜子，或者至少是一面社会

的镜子，这个社会显然决定着我们是什么。①

　　后工业时代城市以消费为核心，使得生产退居幕后。资本主义生产的两大对象：生产资料与消费资料，后者的重要性逐渐超越了前者，并且使前者逐渐处于一种受支配的地位。这种趋势意味着资本主义从政治空间主导向公共空间主体的转型，消费逐渐成为资本主义保持繁荣的主要支柱。城市作为人口中心与最核心的公共空间，成为消费的最理想场所。资本主义主体的日常实践已转向消费空间中。

　　显而易见的是，消费给城市空间带来的不仅是普遍富裕的表象，还包括资本权力的加速循环。在城市发展过程中，中产阶层成为维持资本运作的主要支柱。这种财富创造与消费的反复循环创造了大量的就业机会与新的中产阶层，虽然很多城市属于单一产业支柱的功能性城市，但在获得发达的消费空间与创造大量的消费群体方面，是全世界的现代性城市所共同的追求，它无关城市的属性与功能，并创造了大量的资本流动。

　　消费的种类与层次日渐增加，快时尚所带来的基本需求快速循环，更多的文化产业随之整合在了消费的物质实体或者干脆另起炉灶，以影院、博物馆或者单纯的艺术品的形式展现，另外，作为艺术理念或者概念的抽象文化产品也已出现，它依赖于专门的设计师

---

　　① ［英］斯蒂芬·迈尔斯. 消费空间［M］. 孙民乐，译. 南京：江苏教育出版社，2013：2.

或者艺术家，他们擅长设计有产阶级的生活空间。从当下的事实看，消费正在带来了近乎全民的疯狂，中低产阶层在今天所消费的资源远远超过一百年前的资产阶级。

这就反映了消费空间的重要特征——去意识形态化的空间机制与商品结构，以及被改造了的权力关系。作为生产与资本流动的原则，文化符号——尤其是简单的、不需要附加支付条件的文化消费品最适宜反复地再生产，这一方面来自低廉的成本价格以及高额利润，另一方面则是惊人的循环频率。文化形式的时尚化与商品化不仅受到了亚文化所有者的青睐，更受到了处于时尚漩涡中的城市主体的青睐。我们可以看到，在大都市的景区、宗教场所或者地标周边都有大量的兜售纪念品的本地人，这些小纪念品即影响到了边缘空间的结构与财富，同时被认为是亚文化的主要传播形式（即使这种形式根本没有作用）。在其一群体中，T恤上面的印花值得玩味，属于这些群体空间的文化符号被生产商作为时尚而纳入流行趋势，正如风靡一时的格瓦拉头像与十字架挂饰一样。特色的饮食也是令人趋之若鹜的存在。而对于某些异质性空间而言，它们本身就被重构为一种消费品，以文化符号、原始社区或者异域风情的形式而存在，从而实现了空间的商品化。如果不在具有针对性的政治时空中表达，以上这些就不会被认为是意识形态产物。

对于商品资本的流通而言，城市是一个同一体，并不存在关于空间的隔绝。异质性文化通过对于自身形式的商品化与城市的核心空间产生联系。消费空间在一系列文化形式中处于核心地位，并且在商品与消费的层面上构成了与城市空间规模等同的消费空间。狭

义的消费空间指城市中以商圈为代表的消费中心地带，而广义的消费空间则几乎是整个城市。

消费空间贯穿了中心-边缘的空间结构并成为后者的重要纽带。边缘空间一方面能够获取收益，另一方面乐于这种文化传播。消费空间将不同异质性文化整合为消费品，从而建立新的主体-商品的权力关系，这种改造解除了特定空间主客体之间的权力关系，消除了原有的排他性权力，从而实现了现代性与资本对于不同空间的侵入与把控，实现了对任何异质性空间的消费化与商品化。这正是维持城市空间结构的根源：资本-消费空间对于城市的统治关系。

城市多元空间的文化冲突被认为是潜在的，而非属于城市实践的常态。这固然来自在城市中相互隔绝的空间权力关系构成的既定秩序，另外，消费空间自然构成了包含城市异质性文化形式的商品种群。实质上，在上面论及多种亚文化形式通过出售与消费特定的文化商品的事实已经不言而喻，异质性可能构成的冲突被选择释放于文化的商品化中，这种形式由于丧失了在特定空间中形成的权力关系，从而使冲突的萌芽在消费空间中被消解。

这样，现代性城市为人们提供了产生冲突而又解决冲突的手段和空间，并且并不反对人们的反对表达。这时我们就可以看到，通常理解的冲突形式——暴力对抗、压迫甚至武装斗争都不复存在，人们谈及这些话题多半还会显得惊异。显然，消费空间使得冲突转化成为这样的形式——通过消费来表达对自由的呼吁以及对自身不满的反抗，消费空间提供了这样一种机制，通过对消费品的购买，从而获得消费品附加的文化符号的原始象征意义，借此表达作为文

化主体的反对与抵抗。在都市街头，时常可见的奇装异服充斥着对科层制的不满，在段首引用的约瑟夫·希斯与安德鲁·波特在《叛逆国度》中的那段话同样如此。

所以，消费作为文化冲突、阶层与阶级斗争的一种表达方式，提供了完全自由的消费空间与商品选择，从这个角度看，这种斗争的形式完全是自由的，而且没有后果的。消费主体仅仅是购买了符号的象征意义，从中得到满足：穿上印有文化标志的 T 恤或者选择爱珠，借以表达无声的反抗。文化斗争与冲突在城市中此起彼伏，流行生产随之循环。消费者在商场、专卖店与购物节买到相对应的文化价值品，或者为街边反主流艺术捐款，或是为支持的球队购买球衣与海报。这些实践方式意味着他们自身与消费品背后的文化符号象征建立起了权力关系，文化意识形态通过商品的方式释放权力，而结果则是消费带来的资本流动。

消费是一种身体化的行为。消费行为的背后隐藏着个体在价值、社会体验与自我定位的结果，从这个角度而言，消费本身就是表达自我话语以及重塑个体形象的过程。这同样意味着一种权力关系，个体通过消费行为呈现出自身与城市空间结构的关系。消费是主体在空间中建构身体以及表达话语的重要手段，所以从某种意义上来说，主体的消费实践实际上是在进行自我形塑。

那么，为什么消费空间具有驯服文化冲突的魔力？消费主体所处空间的身体规训本身就不许可暴力的行为，这样会导致难以预料的后果。因此，现代性城市的消费空间意味着一种自然的逻辑，在消费实践中的主体选择具备相应的物质或象征模式，它的根源在于

消费所带来的自由本质上是工业品的自由。既然这些工业品或者艺术形象作为商品失去了其背后的权力关系，那么数量繁多的文化形象就是虚假的，本质上仍然是工业品的组合，并且必然呈现为某种同一的形式。

所以，庞大而复杂的消费选择实际上只是城市消费意识形态的一部分。之所以我们在前面说消费空间是去意识形态化的，实则完全自由背后的实质仍然是权力关系被消解之后的重构。消费空间在当代被认为是自由国家公共空间的卓越代表，它不仅使城市变得更加包容，而且使城市复杂的异质性整合为一个个消费单元或消费品，这是在后工业时代的大背景下的产物，它标榜着资本主义的新时期。城市的发展就是这样得到鼓励并且拥有了源源不断的生产资源，随着生产实践的后台化，消费社会成为公共空间的发展方向，消费成为和平与自由的主要动力。

主体与城市空间的关系受到了消费的塑造，主体转变为消费者，并实现了关于自身主体性的让渡，在消费实践中与商品达成了共谋。之所以说消费空间作为一种独特的方式驯服了文化冲突，是因为人们在消费品的象征中迷失了自我。人们被商品所带来的象征所沉迷，功能性则成为次要的属性。进而，人们感受消费所带来的自由，一步步将自身陷入牢笼之中：

> 既非自由，也非完全的民主，购物的公共领域是一个有待讨论和争辩的空间。这是一个操纵和控制的空间，但也是一个有自行决定自由和实现满足的空间。事实上，这

是一个含混的、或是一个异位的空间，我们在这里努力地让平等原则与等级制相结合，让快乐与理性相结合，去创造一种我们珍视的经验。购物可能反过来也显示出，它主动地把巩固了市场经济基础的剥削手段隐藏起来……①

人们在城市空间中行动的规训与其身处的空间现实一样是多元的。有关法律、道德与公共规则这样一致性的规训形式是依靠城市的统治机器来支撑进而实现身体化，除此之外，只有消费实践是城市中全部主体都需要的，能构成公共权力关系的形式。身体作为情景与主体身份关系的产物，是受到双方共同形塑的。对于消费空间而言，消费场所所依赖的建筑装饰以及街道装修共同表达出了消费空间的实质，即对消费者的引诱与制造他们的认同感：

换句话说，购物中心"是一个空间的再现形式；那是一种概念化的空间，是经科学规划、并通过严格的技术控制而实现的，它假装成为一个被它的居民想象性创造出来的空间……"人们普遍认为购物中心或许真的是太成功了。它们可能是被他们的设计者设计成了一种公共场所的现实体验。但是，消费者顺着这个台阶更上一层楼，并且把购

---

① ［英］斯蒂芬·迈尔斯.消费空间［M］.孙民乐，译.南京：江苏教育出版社，2013：119-120.

物中心当成了一种真正的真实来拥抱。[①]

　　这种认同感的建立意味着主体对于空间结构的认同与感知，进而在消费实践中将其内化为身体化的自我认同。消费空间所带来的强烈的欺骗性就来自看似自由的梦境乌托邦。建构身体规训的权力正存在于这些图像、场所以及规则的形式中，这些要素形塑了人们的公共空间以及生存规则，消费乌托邦创建了这样一种民主平等而又等级分明的体验形式，阶层在其中自由流动而又有所归属。

　　这些空间建构的关系创立了更多的规训，不仅是关于消费空间定位与阶级自我认同选择的塑造，而且传媒业、广告业以及各种炫目的技术构建的空间特征都成为建构这些法则的工具，而整个都市的主题就是完成消费乌托邦的循环。人们观察到的是有着高度仿真的景观，在其中感受多元文化组成的时尚与流行的反复冲击，并且通过选择来建构自身的意识形态的仿像。这种追求越强烈，消费空间的吸引力就越大。正如波德里亚所说："哪里有模式，哪里就有价值规律的强制，就有通过符号的镇压和通过符号本身的反抗，所以象征礼仪和时尚符号之间才有根本的差异。"[②]

　　消费资本主义的意识形态触须持续存在着，但是，它们是我们自己已经造成并且仍在继续追求的一个世界的后果。消费者不

---

　　① ［英］斯蒂芬·迈尔斯.消费空间［M］.孙民乐，译.南京：江苏教育出版社，2013：120-121.

　　② ［法］让·波德里亚.象征交换与死亡［M］.车槿山，译.南京：译林出版社，2012：127.

是消费社会的牺牲品，他们是其中的同谋者。处在个体与社会关系中心的正是这种同谋关系，它限定了个人与城市关系的性质：当代城市成为一份宣言，它能使个体在为出人头地而奋斗的同时成为群体的一部分，这表明了资本主义在维持这一尴尬处境时的倾向。

消费在确定自我与社会关系时发挥了现象调节的作用。在齐美尔关于时尚的著作中表明，社会的全部历史就是一个在社会集团的忠诚和专一与个人层面的个性化和区别性之间妥协的过程。消费意义重大是因为它提供了一座连接群体与个体的桥梁，而且，城市再现了这一过程最鲜明、最坦诚的表情。

消费空间在这些情形下达成与主体的合意，并且为这种时间塑造了一个喧嚣的公共空间。其中，传统-地方异质性的商品化既消解了城市历史与地方沿革的异质性本质，同时将这些象征符号拿进了市场。在城市空间结构中，完全公共领域的集中为主体提供了一个特定的实践场域，其中包括被建构的时空感觉、被有限选择所限制的自有判断以及产生自我认同感的消费空间的魅象。这不仅意味着公共空间建立起的自主化机制形同虚设，也同样说明了消费欢呼形成的幻觉之深。商品拜物教的结构发生了重要改变：以商品的魅象转变到了消费空间的魅象，与此相关的空间结构、文化符号以及消费者本身都是这个乌托邦的制造者。消费空间由此极大地被称为"梦幻空间"或者"虚幻世界"，它不仅包含了想象性梦境的主体现实，也同样包含了塑造这种梦境的物质结构。同样的，这包括了对于流水线生产的渗入，它仅仅通过同一生产机器而创造了不同的象

征意义。

这样，作为消费者的主体是被异化的对象，同样，这种空间所带来的文化现实同样实现了异化。合意意味着权力双方的共谋，而共谋者在消费空间中的实践如同齿轮一样精密运转，个体欲望、流行文化与空间魅象的权力关系填充了作为消费者的个体社会关系的空白。从这一观点看，消费的过程是与个体理念相互交融并且相互制造的。

二、消费、体验与城市

现代性城市不仅塑造了关于主体身体的形式，同样提供了关于身体塑造的途径，即消费空间。消费的实践与经验是不可避免的，同样不可避免的是人们在其中的体验幻象，这是消费空间定位中包含的最重要的要素，当然这些要素并不能现实地、物质地完全表达出来，它的呈现结果是形成消费动机的身体，而不是其他客体。消费空间就意味着这样一种结构：充斥着商品、景观以及空间的自我表达，包含着令主体痴迷的力量。主体不断受到这个由消费者、商品与消费场所共同构成的空间的调控，这是一个以提供商品、服务以及主体需要的文化满足和梦境建构的空间：

　　　　对于思考城市空间的碎片如何可以牵引着事物（形象、
　　情感、意义等）走向它们，或是把它们推开，这是有启示
　　意义的。梦如何对另外一个事物再现一件事情，并且利用

熟悉的和不熟悉的手段去这么做，这会让人联想起城市风景中（就像在一个幻影中）的显性和隐性内容之间的关系。与此同时，二次检正在思考城市空间时变得至关重要，因为，它既创造了空间叙述（像在梦中一样），也赋予了空间一种外观———一个同时既掩饰又表达了它自己的生产面具（就像在一个魅像中）。^①

所以，消费空间对主体的体验模式依赖两条路线来进行运行：

一方面，由生产－消费空间－消费实践构成的基本模式，在这个过程中消费空间完成了基本的资本循环，并且成功将多重空间的文化形式嵌入到了主体选择中（这里的多重空间不仅依赖于城市，也指代全球的、地方的、传统的多重文化结构的象征商品或者象征服务共存于城市的消费空间中），主体受到了消费品生产机械模式的建构，从而形成了特定的体验结构，它包含日常实践的基本模式、对大众文化的认知以及城市物质结构的基本意向，并且创造了自我身体与消费品的结合，从而在消费空间中让渡自身的主体性，完成了资本主义生产过程中的自我表达。

另一方面，城市消费空间的非理性文化生产在本质上以理性形式表达，其中消费空间的结构及其中情景的象征意义发挥了关键的物质作用。大型的城市综合体是中产阶层的爱好，而街边的促销专

---

① ［英］斯蒂夫·派尔.真实城市：现代性、空间与城市生活的魅像［M］.孙民乐，译.南京：江苏凤凰教育出版社，2014：67.

卖店更受年轻人或者失业者的喜爱，当然，购买名表或高档西装的人不会光顾于此。星巴克意味着一种生活方式，它更多在彰显自己的阶级地位（当然，人们在这里为了获取一种象征意义，这也许有利于洽谈、商业沟通而不是同学聚会，当然并非意味着店中大多都是这类人士），这些具体的情景以背景的方式创造了经济价值。另外，反复生产服饰的快时尚理念标榜快速的循环，这依赖于时尚符号受到追捧的循环速度。事实上在这个过程中，服饰资源被大量浪费，其原因归根究底只是人们乐于选择不断变幻的文化象征意义，从而用这种方式彰显个人理性。同样的，在超市的促销活动中，人们总是会因为广告、优惠或者宣传选择大量并不需要的物品，这些基于经济实用性的理性动机导致了非理性的行为。

在此基础上，这些情景并不能简单地看作是一种吸引消费行为、引起消费动机或者彰显阶级阶层的物质形式，更为关键的是，当消费者在其中表达出自身的消费实践的过程时，实质上在情感上指向一种对这种情景的认同。人们实际上通过参与到这种情景与认同的构建之中从而在身体上达成完美的同谋，而形成自身的消费经验。人们在消费空间中反复选择并形成的经验化事实为身体的实践提供了强烈的对象性，从而使得消费实践行为的选择越来越自然化了，进而在繁杂的消费场所与消费品中寻找到自身的位置。这不仅来自消费情景对主体的吸引，也同样依赖于身体背后的物质与文化要素，作为消费者主体在消费空间建构而成的空间中建构自身的身体化体验。

消费空间所建构的体验模式使得通过空间结构而形成的内在模

式来制造主体体验与日常实践模式的方式成为主流，以使得这些体验所呈现的经验性逐步地弱化，主体体验变得十分依赖消费空间整体，而不再是单一商品的功能性。这意味着后工业时代的重要变革，消费意识形态从外在化走向内在化，并且建构着主体扮演自己角色的方式，从而形塑自我的身体，包括人们的实践方式、社会关系以及角色定位。这种呈现自由的形式仍然意味着人们基于消费空间的想象与梦境，从而高度认可消费空间为自身带来的自由、满足以及自我实现。这种梦境主导的社会控制形式建构的乌托邦在前面两种体验的路线中都起到了举足轻重的作用。对多样性商品与文化象征的追求使得主体在伪装的支配形式面前释放自身在科层制或者其他空间中的压抑情感，大量的消费品用于缓解文化冲突或者身份冲突，从而使人们在无意识中与城市的压抑产生共识。在主体以自由的方式感知城市时，被建构的欲望或焦虑都有着现成的解决之道，而消费情景建构的微观空间更是能够通过满足人们所有的欲望而达成一种梦境的欺骗。从作为群体无意识的身体化选择角度来讲，主体拒绝这些方式就会带来角色焦虑或者失调，从而干扰人们在社会中实践自我角色的方式。实质上，消费空间通过与消费者共谋对个体体验的达成，限制人们对于角色意义的自由诠释，以及禁锢了人们在城市生活中的表达方式。

　　将消费空间想象成一个简单的平面是不完全的平面。消费空间既是一种生活方式的发起者，也是整个城市团结的纽带力量，它提供了超出其本身职能的权力，并且为城市整体提供一种独特的体验：这种体验建立在截然不同的异质性空间结构中，但是呈

现出对个体驯服的内在一致性的表现方式。即使在不同的空间中表现出一定程度多样性和独特性的体验，但由于消费空间与现代性城市之间本质联系将其编制为一个将全部的个体体验还原为一整套梦境的机制。消费空间的权力正是建立在这种持续而整体性的梦境形式之上的。

消费空间对于梦境体验的生产也许并不可以称为"消费梦境"，显然，这种梦境建立在主体体验的整体基础上，而并没有受到消费空间的时空限制。显然，消费空间运行的意识形态化呈现在更为广阔的城市体验结构中，从而实现了城市的消费空间化。梦境就呈现为一种整体性的感知，并且藏匿着整体性的规则，在这个基础上，通过对异质性的包容与宣扬，完成了实践上对主体体验的整合。

梦境乌托邦意味着后工业资本主义城市的体验模式。对于一个身处其中的主体而言，消费实践正是构建乌托邦的前提，也是这种梦境的自然指示。这种建构形式建立在几种主要基础之上，包括消费情景对这种梦境结构的建设，以及一种对城市主体安全感的理解，并且逐渐形成一种经验的封闭。

个体的消费行为共同组成了城市的消费实践，如果我们说从宏观角度观察这些实践选择就能观察到消费空间与其他空间所产生的相互关系，那么消费空间生产梦境的结构就依赖这些消费权力关系对幻觉的制造。工业生产特征使得消费品大量地附加文化特质，使之成为具备象征意义的文化产品。亚文化本身会对消费空间的体验结构产生冲击，但正如我们之前所说的，失去了固有的权力关系的文化符号的象征含义被消费体验所取代，失去深层认同体验模式的

权力关系失去了基础，进而，地方-传统的文化产品被纳入消费空间的等级体验中，它们自身呈现的文化形式则被禁锢在固定的商品物质或者象征结构中。显然，这种商品规划的模式在功能性消费为主导的前提下是无法存活的，人们购买了商品的象征意义，但这并没有使某种文化视角得到发展，它基于个体建构自身身份的欲望，但实际达到的效果则是汇聚成为商品的消费结构，从而锻造出一个享有特权的消费空间结构。从许多方面来说，这种梦境都是消费实践自然建构而成的。

消费空间作为城市多元空间的汇聚地，也是重要的连接节点，使得差异与异质性在其中通过不断地消费实践连接在一起。这个过程中伴随着社会高度分工的持续，并且呈现对消费品越来越广泛的深入挖掘。在此基础上，消费行为是使消费空间基于城市空间核心的基本前提，如果我们把城市本身作为一种庞大的分工系统来看待，消费实践在此结构中居于核心。从日常生活到象征身份的选择，主体对消费空间产生了巨大的依赖和信任。从某种意义上讲，城市中的消费集中往往是人们自发建构而成的，而城市的消费空间化则是人们对于城市结构的信任。主体的感知认为消费空间是开放的、可持续的并且拥有绝对自由的。这种对于消费空间安全感的信任往往意味着主体放弃了在空间中的自主性，人们并不需要时时刻刻查看商品的保质期，也很少对预付定金之后的安全性表示怀疑，这种安全感在物质层面上构建了消费者与消费品的信任关系，其纽带则是消费空间或者消费场景本身的权力。与此同时，这种信任更容易造就非理性的消费行为以及对建构消费场景的模式产生认同。这些体

验被轻易建立，不关系到商品本身的一些内在化的属性而建立起一种梦境模式。

消费空间给予个体选择可能性的丧失限制了主体的欲望。个体经验对于所在空间的认可与相互建构逐渐趋于多样性的一致，其中暗含着城市多元空间之间关于认同的相互关联。个体经验将信任交付给消费空间，从而将自身的消费者身份进行了重构，消费经验逐渐被祛除，人们在消费实践中更多依赖于整体的消费感知，即消费梦境。

即便边缘空间仍然是相对封闭的，但是消费实践的流动不断改造着其内部运行的权力。任何空间都不是绝对意义上的封闭系统，其中，即便存在相对独立的政治话语，其建构形式仍然是不断变化的。城市的消费空间化建构的空间的相关关系不断改造着不同的空间，通过消费实践对空间的跨越就可以观察到改变这些空间的权力是如何形成的。

三、消费、空间与权力

城市空间记录着权力运行和变化的轨迹，它们并不是显而易见的，而是无声无息地制造着差异、不平等与整合。消费空间的权力触角伸向了城市各地，形成了城市的消费空间化，使得消费本身以最大的权力得以运行。这种消费意识形态以一种消费实践关系的方式得以显示，只不过它并非由支配性权力控制，也绝不可能激起人们的反抗与抵制，人们基于梦境表达对消费空间背后的物质丰富与文化自由的高度满足。城市的消费空间化逐渐使得城市的形象代替

了城市的实质功能，人们更多地经验模式形成依赖于消费化的空间性结构，即对梦幻空间的认同。消费空间与城市空间中心－边缘结构的物质文化空间形式已经连接了起来，每个城市地方也通过消费空间的权力触角（而不仅仅是消费实践本身）与其他地方联系起来。对于消费空间而言，对于自身的理解已经不能局限在城市消费中心的地理空间结构这一单一的事实之上，它既是一种消费实践或者消费行为本身，又代表消费本身场所的整体。消费空间的结构是架构在整个城市空间结构之上的，呈现一种现象、一种整体性或者一种实践规则来置于各空间中。只有这种开放性的空间结构，才可能具备整合空间的力量。

在空间结构之下，异质性不仅在城市中共存，也在单一空间中共存，与城市相对稳定的多元结构相比，空间中的异质性主要体现为消费实践空间性与空间传统交织的流动。之所以说消费空间介入了多元空间中，原因就在于人们的消费实践受到了消费空间秩序的支配，同时遵循着消费空间的权力关系。从这个意义上看，消费对于任何空间主体的体验结构和现代认同（包含公民身份、现代化态度以及规则的认知）的影响都是不可避免的，不断交叉的权力关系深入到空间的公共领域并且能够实现改造的最小公约数。消费空间为消费者提供了商品与服务，一方面作为一种自我实现的事实，另一方面则是改造了主体的身体。当然，在空间中的独特规训与权力关系的运行实践仍然存在，这两者实际上并不是矛盾的产物，而是现代性城市保持多元空间稳定性的基石。单一空间结构的消费空间化创造了异质性与同质性相统一的原则。所有城市的空间都要试图

吸引消费者，只有这样才能通过资本流通的介入保证空间本身的文化甚至个体本身不被城市所抛弃，所以对于消费化的诱惑是显著的。除了必须的消费品之外，边缘空间所能提供的消费品只局限于某种文化形式的消费所提供的商品与服务的东西。那么，这些空间构成了内部的封闭性，即空间分层、等级关系以及文化习惯这样的内在性，对外部仍然表达着权力关系的隔绝，同时接受了外部的消费实践权力关系的事实。在许多城市中的宗教场所就表现得非常典型，作为信仰的空间和作为参观游览的空间合二为一，但其中的宗教人士并不会将两者混淆。

这种空间内部基于不同权力关系的异质性事实在几乎所有的空间中都有可能产生或者显著或者模糊的界限，带来的后果就是边缘空间逐渐被解构，这并非意味着这些空间逐渐变得不复存在，而是转变了空间自我的话语形式。尤其在一些界限模糊的空间，对于消费时间本身的约束也就变得微不足道，空间的特殊性越来越受到侵蚀。

对于城市空间结构而言，作为个体进入某个空间就不必再建构自身成为对象空间，而是可以作为消费者的身份身处城市各个角落。这说明了消费实践对于整个空间结构的征服。因此，任何空间从一定程度来说是开放的，虽然这并不意味着个体可以从容被纳入任何空间中，空间对于个体权力关系的建构与选择仍然非常关键。消费空间与其他空间的相互交织，制造的是空间内部体验模式与身体的改变，同时带来了空间中主体对于现代性城市想象的方式。从这个意义上说，就必须承认不同空间对于消费的开放性明显加强了城市

多元空间结构内部的同质性。在这个过程中，空间的差异越来越成为一种象征或表象，而其中蕴含的权力关系则是被消费所替代。

消费空间在城市中制造了高度统一性的方式，从这个意义上说，传统-地方结构所构成的空间反倒成为城市消费空间化在全球化条件下对消费的地方权力分配的结果。这种消费本位的角度将城市看作消费的先验整体，消费者-商品结构成为其中的中轴。在文化、价值、意识形态以及政治倾向都可以通过商品形式表达的背景下，这些特质对于城市进步与保持活力的重要性就被大大削弱。显然，城市公共领域的主要论题严重依赖群体性与共识性的讨论，但消费空间对公共领域的侵占一方面转移了城市公民的时间分配，另一方面加剧了大众完成这些呼吁和讨论的原子化倾向。消费空间对于个体的影响极大地改变了城市公共性的权威，通过消费实践传递的权力关系代替了大量的政治实践，政治从城市公共空间中被抛弃了。

那么，消费空间正在创造一个越来越密切关联的现代性城市，个体也越来越强化了作为消费者的身份特征。消费空间成为价值最集中的领域，占据了城市权力关系的核心位置。在消费的核心前提下，中心-边缘结构的意义是虚假的，因为消费空间涵盖了所有空间，所有空间也都是消费对象。消费成为大多数空间公共领域的核心。这意味着三个重要的结果：第一，公共领域的消费化意味着城市是一个完整统一的消费场所，消费空间在整个城市中得到展开；第二，随着空间公共领域的消费化，消费为中心的权力关系在其中占据主导地位，那么基于空间特殊结构中的权力关系就从公共领域退出，转到了私人领域；第三，消费实践对于空间传统实践方式的

侵占，带来消费权力关系与空间地方权力关系的结合，从而在消费
实践中产生异质性，形成具有特殊性的消费空间权力结构。

　　消费空间重构了人们关于消费实践本身的理解和体验，并且将
空间、场景与地方本身都赋予了消费体验的象征性。人们对于城市
空间结构的认知，基于现代性的角度而言，正是对于消费场所的认
知。这是大多数空间的公共领域消费化的结果。除了空间内部群体
才明知的行为规范与象征意义之外，大多数人对于多元空间的认知
就是基于消费时间上的，即使是贫民窟中的社会底层，他们仅建构
了关于贫民阶层聚居区等空间的身体体验，对于城市中心的理解仍
然表现在高消费、体面生活这样的符号，而没有机会、也不想去理
解五星酒店中的基本礼仪。从人作为一个群体的角度而言，城市空
间之间的差异并非文化差异，而是以消费为理解基础的经济差异，
即使是基于种族、宗教等方面的空间，仍然是依附这些群体的经济
关系建构的。所以，无论是城市的公共领域，还是城市空间的公共
领域，形成的权力关系都是围绕消费实践的。这实现了公共领域的
一体化，同时赋予了公共领域的文化多样性。这种多样性的重要之
处就在于它提供了关于民主与自由的符号，即主体关于消费实践的
自由，消费者与这个自由的公共领域结构产生的权力关系显示出了
城市多元空间的表象，也完整地照搬了这个结构的象征意义。当然，
人们在其中并不会发生什么本质的改变。

　　与其说空间公共领域的消费化，不如说空间的公共领域被消费
实践的权力关系所挤占。任何空间的公共领域本身形成的是一套独
特的系统，其中存在着与其他空间有所不同的权力关系，这也许表

现为称呼、习俗或者价值观的特殊性。而消费的公共领域的多元联系使得这些特殊性的权力关系并不能应用于消费空间这一现代性属性的领域中。所以，被挤占的公共领域被外来者当作特殊的、难以理解的经验模式，只能存在于这个空间文化丛的内部，否则，这些模式也许会给作为消费者的个体带来不愉快的消费体验。在被挤压的过程中，空间中本来的主体关系随之减小，进而变得更加紧密。公共领域的侵入本身就会带来亚文化的紧密团结，进一步增进亲密感，这就是构成更大规模私人领域的基础。在这个过程中，公共领域的规则被挤压到私人领域中，但其中的权力关系的原则仍然存在的，正因为公共领域无法容纳一系列排他性的权力关系，这种文化丛仍旧是与公共领域相对隔绝的。所以说，无论从单一的公共性还是从私人领域来理解某一空间是不完全的。

空间中的公共领域与私人领域也并非泾渭分明，而是相互影响且相互建构的。主体在消费空间中同时受到公共领域与私人领域活动经验的制约，这对于身体体验的建构有着重要影响。所以，空间中主体（这里特指属于该空间的主体，而不是其他空间作为消费者在此空间中的主体）在公共领域与私人领域之间不断地寻求平衡。所以说，空间内部的消费实践，包括主体作为消费者的实践以及主体作为售卖者、服务者以及建造者在消费关系中的实践都会对文化丛的传统模式构成影响。我们可以观察到，许多地方的消费习惯是具备特殊性的，大到资本流通与消费场景的建造，小到对于货币的选择习惯等，尤其是在部分发展中国家的半现代化城市中，模糊了私人领域与公共领域的界限，形成了具有特殊

性的消费公共领域。

消费空间不仅仅提供了消费品与消费场所，它更是创建了人们的体验与习惯并建构了人们的身体，更是改变了整个城市的面貌与结构。我们每一个人都身处城市的公共领域中，并且感受着其中的规范与体验。消费空间为不确定的城市提供了清晰可见的图景，并且使人们身处乌托邦中。这种属于城市的文化模式建造了我们的价值、情感与归属，并且让人们感受到了自由与快乐。然而，我们更应该关注的是这些体验背后的事实，正如斯蒂芬·迈尔斯所说：

> 这个场地最令我们感兴趣的不是它向我们道出了毫无疑问的构成了消费社会基础的权力不平衡的真相。消费空间令人着迷的地方在于这样一个事实，它们展现了一种思路的物质表现形式，在这里，尚未实现的消费欲望已经开始限定当代消费社会中的结构与能动性关系的性质。消费者是同谋，消费者的同谋性质确实构成了消费空间建立的基础。消费空间是消费的意识形态支配地位被展开的舞台，演员——事实上的消费者，无论如何也不应该被误判为是在以自己的方式伴着消费社会业已选定的旋律快乐地舞蹈。①

---

① ［英］斯蒂芬·迈尔斯.消费空间［M］.孙民乐，译.南京：江苏教育出版社，2013：197-198.

小结

资本主义将城市建设为一个无所不包的空间，这个空间随着雇佣劳动的兴起而变得以金钱为核心。就资本主义生产关系的本质而言，无论阶级阶层关系及其资本分配进行了怎样的调整，除了带来消费水平与商品生产水平的变化之外，本质上仍旧呈现为资本－商品－消费的循环关系，我们认为这同样是城市空间结构之间的黏合剂，同时是贯通中心－边缘城市空间结构的主要实践。

与现代性文化生产一致，现代性消费主义带来一种抹除阶级差异的世界观，使之完全摆脱以服饰等形式的消费象征系统。进而，现代性城市提供了这样一个背景：消费空间的无微不至的权力关系对城市社会带来的深刻的变迁，在消费空间中主体的行为构成了消费资本主义的重要环节之一。消费空间的阶级性与特殊性被无门槛的准入机制所代替，这代表了大众消费品象征意义的弱化，并且这种弱化越向中低阶层方向就越发强烈。

现代性城市为人们提供了产生冲突而又解决冲突的手段和空间，并且并不反对人们的反对表达。这时就可以看到，我们通常理解的冲突形式——暴力对抗、压迫甚至武装斗争都不复存在了，人们谈及这些话题多半还会显得惊异。很显然，消费空间使得冲突转化成为这样的形式——通过消费来表达对自由的呼吁以及对自身不满的反抗，消费空间提供了这样一种机制，通过对消费品的购买，从而获得消费品附加的文化符号的原始象征意义，借此表达作为文化主体的反对与抵抗。

现代性城市不仅塑造了关于主体身体的形式，同样提供了关于身体塑造的途径，即消费空间。消费空间对主体的体验模式依赖两条路线来进行运行：一方面，由生产－消费空间－消费实践构成的基本模式；另一方面，城市消费空间的非理性文化生产在本质上以理性形式表达。

消费空间作为城市多元空间的汇聚地，也是重要的连接节点，使得差异与异质性在其中通过不断地消费实践连接在一起。这个过程中伴随着社会高度分工的持续，并且呈现对消费品越来越广泛的深入挖掘。在此基础上，消费行为是使消费空间基于城市空间核心的基本前提，如果我们把城市本身作为一种庞大的分工系统来看待，消费实践在此系统结构中居于核心。

消费空间在城市中制造了高度统一性的方式，从这个意义上说，传统－地方结构所构成的空间反倒成为了城市消费空间化在全球化条件下对消费的地方权力分配的结果。那么，消费空间正在创造一个越来越密切关联的现代性城市，个体也越来越强化了作为消费者的身份特征。消费空间成为价值最集中的领域，占据了城市权力关系的核心位置。

消费空间重构了人们关于消费实践本身的理解和体验，并且将空间、场景与地方本身都赋予了消费体验的象征性。人们对于城市空间结构的认知，基于现代性的角度而言，正是对于消费场所的认知。

第六章

城市体验：媒体、建筑与景观乌托邦

外面的大街早就被拆除收费路障的人拓宽了，每边都有马车道，中间是装饰着四排小梧桐树的供行人走的人行道。它是条宽阔无比的十字形道路，将其没有尽头的道路延伸至遥远的地平线，而行色匆匆的人群则融入了建筑工地的喧嚣之中……热尔韦斯觉得孤独至极，被抛弃在宽阔的人行道的喧嚷中，旁边是小小的梧桐树。这些顺着街道伸向远方的景象让她的肚子感觉到更空了……正是，它真是太美了。她的脑袋昏沉，她的双腿瘫软，在这笼罩在如此辽阔的土地之上的夸张得没边的灰蒙蒙的天空之下。①

———————
① ［澳］斯科特·麦奎尔. 媒体城市：媒体、建筑与都市空间［M］. 邵文实，译. 南京：江苏教育出版社，2013：53.

一、图像、场景与视觉

现代性使得视觉图像变得空前复杂，而城市本身正是视觉高速发展的聚集地。视觉通常以观看为直观体验的方式，构成了人类获得体验的最重要基础。眼睛本身就因此被赋予了社会性，人们极大地受到了自身所看到的事物的影响，这些事物包括文化符号、商品、其他主体的身体以及自我所感知的在场的结构等。而这些事物与目光交汇所产生的结果就是视觉文化，这意味着由目光传递权力关系形成的文化形式成为可能。所以，城市作为视觉文化的集中地，对视觉本身而言就是以图像的形式出现。城市图像让人们看到了城市最表面层的状况，包括颜色、体积以及规则、结构等要素，与许多传统的视觉图像研究不同，城市场景或面貌与图像艺术作品一样应

该被重视，它们同属于视觉文化的对象，在建构等级、性别以及习惯、规则方面起到同样重要的作用。

本章对于视觉文化的研究是基于现代性城市的空间前提之下的，这意味着我们重视对图像本身及其与城市场景、城市空间之间关系的讨论。只有明白视觉本身及其与图像之间的关系，才能够理解视觉作为一种文化形式是怎样被建构起来的。我们在这里并不是着重研究传媒文化或者当代美术这样狭义的视觉文化，而是希望克服以往视觉研究对于"真空社会"前提的建构，讨论更多的视觉文化媒介背后的权力关系。

视觉本身带来的一系列特征意味着通过视觉的角度理解城市所获得的意向、体验与感知，呈现一种特殊的结构，这些都来源于视觉实践的过程。人们通过眼睛来选择以经验和身体为前提的对象，并且通过视觉来进行信息的主观接受。在这个过程中，图像经过了个体理解形式的改造，并且为身体和经验反馈信息，进而进行下一步的行动选择。我们认为，视觉的特征建构了与图像之间的独特关系，这种关系构建了人们意识中的地理学。

第一，视觉是一种特殊的"社会学成就"。人们在其理解世界的过程中，视觉给予主体最重要的指示。从某种意义上而言，视觉是社会化的推动力之一。人们在城市中进行认知、体验与感觉，其中通过视觉占据了绝大部分。这种自发的、先验的互动模式构成了人们理解城市的基础。人与城市的关系在视觉中得以建构，并且只有视觉才可能在城市发展的过程中创建审美的观念。双目的功能化给人们提供一种根深蒂固的观念，视觉与城市之间产生互动，并且对

空间产生基本的认知。同时，目光是一种独特的社会互动行为，它们在环境中建构社会关系，这不仅被认为是一种私密行为，而且意味着一种"公共场所中的私密空间"。随着主体的行动与实践，视觉的流动性呈现最为丰富的一面。如果将视觉作为身体化的一部分，我们可以看到人们观看到的图像是依据自身的空间实践行动而显示的，所以视觉本身就是主观性与客观性结合的产物。

第二，视觉本身意味着对图像的选择。如果说人类感官的哪一部分得到的体验最具有稳定性，那么比起在时间维度中不断变化的听觉而言，视觉无疑是最稳定而且最直观的方式。视觉对图像的选择，并不只是人们看到一件事物那么简单，而是人们可以在身体体验或者实践活动中进行对图像的再现。"视野"概念更适合对人们的视觉感知定义。人们在视觉实践中选择基于身体的体验与实践取向，从而一方面选择了对象性的图像，另一方面将场景作为图像整体感知，正如林奇在《城市的意象》中所进行的实验：

　　　以波士顿、泽西城、洛杉矶的中产阶级和上层社会居民为样本，以小样本的长期面谈调查的结果为基础。在这些面谈中，要求被访问者描述所在城市和说明对于他们而言很重要的城市特征，并要求他们画出一张手绘图，通过这样的手段，就可从人们的主观意识中提取出意境地图。通过对结果数据的观察，林奇发现，人们明显地倾向于将其心中的城市意象按如下五种元素进行构造：路径（例如街道、交通线、运河）、边界（例如湖岸、围墙、陡峭的

路基、悬崖）、区域（例如有名称的邻里或商业区）、节点
（例如集市、广场、繁忙的十字路口）及地标（例如有明显
特征的建筑、标识、纪念碑）。[①]

视觉的图像事实不是单独在经验中被建立的，无论是观察艺术
品还是体验空间场景，视觉对于对象的扫描都是整体性的：

> 林奇指出，这些元素无一是独立地存在于人的意识中。
> 区域与节点构建在一起，并由边界来界定，被路径所渗透，
> 而地标就闪耀在其中。

个体不同的身体控制所描述出的自身行动空间的部分城市事实
不尽相同，这不仅表现在人们标记重点之处的差异，还表现为不同
身体化的场景结构。这种差异从宏观角度而言就是阶级阶层与所处
空间不同而导致的视野的差异。视觉与身体的不可分割性建立了这
种主客相混合的机制，图像在其中作为城市对于身体的绘图而存在。

第三，视觉的结果存在特定的结构，这些结构是在身体中再造
体验模式的重要环节。在被现代性所重新建构的都市中，对于具体
场景与图像的感知都潜在地附带着意识形态。尤其是视觉面对的具
有复杂结构的场景或者图像，所感知的细节与结构的信息就非常庞

---

① ［美］保罗·诺克斯，［美］史蒂文·平奇.城市社会地理学导论［M］.柴彦
威，张景秋，等译.北京：商务印书馆，2005：275.

大。不是每个人都可以在高楼俯瞰都市风景之后凭借记忆手绘一幅详细的城市素描。实际上，绝大多数人对于城市生活以及复杂的图像艺术作品的感知都是混沌的，在视觉实践的过程中，人们会根据身体体验的选择来确定对眼下空间或图像的界定。在这个过程中，视觉对象本身的结构就起到重要的作用，地标、典型商店或者电影中主角的经典台词都可能被视觉纳入体验逻辑中，从而实现对对象的占有。在这个过程中，场景或图像提供了一个宏观的结构，主体在其中通过视觉进行选择，然后建构一种关于对象特定的视觉体验结构。其中意识形态的建构与视觉对象本身的结构就存在密切关系，摄影作品以及图画作品作为对视觉的表意，在其内容中特定的结构与内涵表达有利于人们理解这些艺术作品的统一性。而从城市的物质文化场景看来，形式的统一仍然有利于人们对复杂对象的观察，并且有利于形成特定的视觉立场。这种外化于视觉的本能审美容易接受秩序与统一，而难以理解杂乱无章或者不知所云，从人们的日常经验来讲，后者也是完全难以牢记或者难以理解的。

这样，视觉实践围绕着成型的习惯建立人们的审美，这被当作是现代主义或者现代性的重要特征。人们习惯了这种客观化的现实，并且从视觉中产生基本的印象体验以及构建习惯性的观察方式。这种反复的生产在现代性城市标准精确的空间结构中得以顺从。包括城市场景、广告大屏幕、电影、摄影作品与绘画等依赖视觉的对象，只有依赖更加统一性的表征方式与结构安排，才能够让人们得以全面地观察与理解，而其中的意识形态随着特定的结构体系而建立，以媒体表征或者空间表征的形式形成隐喻，以便匹配观察者的视觉

习惯。视觉本身不存在某种特定的结构，但视觉的对象在身体中生产出这种结构，所以将视觉与图像之间的关系意识形态化，并且再造城市体验的模式，这在海德格尔看来就是"现代世界图景"。

视觉本身基于身体与对象的建构而形成特定的习惯，使得视觉的对象的给定性越来越强。视觉的意识形态化来源其视野的结构与规范。当视觉本身从诸多感官中分离出来的时候，视觉对象本身就开始倾向于使用关于视觉体验的构建模式，城市是由景观构成的，而不是声音或者气味。当视觉、触觉和听觉作为身体化的应用差别逐渐分离开来，一系列关于体验场景的规范就逐步被建立，包括关于视觉对象的量化感知、边界与范围的界定以及色彩形态，这些体验形式无可争议地成为人们理解城市的介质。

我们用尽可能宽泛的方式来理解视觉文化，并不将其本身看作一种狭义的文化形式，而是探讨作为视觉现实对象的特征。今天，应用视觉本身的规划已经变得习以为常，围绕视觉的审美观念已经深入人心，它们造成了我们身处的城市，形成了特定的空间概念，并使得视觉彻底与身体体验联系在一起。与大众艺术的视觉文化所不同的是，现代性城市的视觉文化包括视觉视野的整体场景，大街小巷见的媒介图像以及代表视觉秩序的象征符号等。

视觉文化的指向性是通过主体视觉观察到的对象，也作为客体的视觉对象在不同的经验中得以区分。视觉的整体场景作为结构化的事实存在，而其中的"视觉文化"所指的并非这种对象的文化结构或者文化关系，而是这种非自然性的场景通过视觉及其背后的身体产生的权力关系。在这里，个人的视觉只是作为被动的接收者，

因此场景本身具备了主体性。在现代性城市中，空间和场景正是通过视觉来创造意识形态的。与传统视觉的技术模式来实现社会监控的方法不同，城市场景本身就是监控的场所。城市的多元空间结构为个体提供了一种日常实践的结构化方式，这种方式使人们深入特定的环境结构中。所以从某种意义上说，人们的生活实践如在迷宫中行走。通过个体能动的日常实践，行动者在特定的场景结构中完成体验与自我创造，这是场景视觉形成的基础。场景本身建构了个体的需要和目的，并且依照特定的结构制约和安排视觉的媒介，从而形成结构化的体验，在大型商场，人们看到井然有序的品牌结构，其中广告、收银台与休息空间井井有条地排列，视觉所体验到的正是这种现象化的形式，并且理解这种结构。城市场景对人们来说十分重要，这本身就意味着一种整体性结构性的事实，正因人们处于景观城市之中，所以景观促进视觉生成更完整的体验模式。

媒介图像对于城市场景而言范围要小许多，与城市场景的视野整体结构相比，媒介图像更加重视公共能见度，即关于视觉对象的醒目性与吸引力问题。技术赋予了媒介图像多重的表现手法，例如，时代广场这样显著地标上的巨型屏幕，以及商业街极尽炫目的霓虹灯招牌，还有商场中大型的立体广告或者创意广告，无论对于旅行观光者而言，还是对本地居民而言，这些图像的形式都是被关注的焦点，它们试图在视觉场景的结构中树立一个典型的中心，使得人们在视觉中将其当作重要的节点，如此，媒介图像就能够达成广告效果。对于广告牌而言，色彩与商品构成了人们的体验结构，但它并不用将其功能完全地陈列。电影或者电视剧中，出镜的场景是

有限的，需要观众将它们在脑海中有效拼接。同样，美术作品也有"留白"或其他风格。之所以将这些称为媒介图像，是因为它们的表达话语多半作为媒介功能而存在，形成整体性的体验是结构作为媒介的结果，而非图像的现实。

媒介图像在城市场景中嫁接时，一系列全新的权力关联就建构在个体与图像本身的关系中，在视觉中创建了清晰的虚拟形象。"虚拟现实"意味着通过媒介图像占据受众的感官，扩张受众的体验，在人们的脑海中建构了全新的虚拟场景，进一步与个人的身体产生共鸣。这不仅体现在炫目的街边广告，也包含极具典型性的现代艺术形式：

我们已经见识过叙事既不在现实时间也不在现实空间中进行的方式，它是由剪接技术高级混合而成的。省略式的剪接将我们带到了饭店，而平行剪接让我们切换于饭店与公寓之间，以更好地得到双方面的情景。尽管我们一路跟着汽车爬上山，但是在杰克进到大厅之前，我们已经神奇地出现在那里了。相比之下，跟着杰克进入到接待室的描述显得更为人性化，尽管我们只是亦步亦趋地跟在他后面。当我们作为目击者，转换于电话两端的时候，我们似乎有超人的自由，想看到什么就能看到什么。那种全景式的空中拍摄给我们一种神一样的全知感觉。然而，这一切都是幻觉。因为我们完全被导演所控制，我们的自主感，都是受导演操纵着的。丹尼对势若泉涌的血和让人不寒而

粟的双胞胎的精神体验，使我们从现实世界进入到了心理的视野。我们不仅仅是在饭店或是公寓，甚至被邀进入了某人思维中的恐怖图景。①

虚拟现实的建构打造了一种人工的虚拟风景，从而在脑海中补充完整的结构。这种前提要求媒介结构呈现出一种引人注目并且深入人心的结构，包括故事情节、色彩变幻或者特色主题。视觉被这种结构的最为显著的地方所吸引，从而被结构的指向性所操控。而对于不同的对象而言，身份不同的视觉实践就会带来不同的建构方式。人们对于一项艺术作品可能褒贬不一，会有不同的解读方式，同样有人会被某个街边广告或者店名吸引，有些人则嗤之以鼻。这种个人关系同样可以被当作媒介图像政治性的突出表现。媒介图像本身有限的表现结构只能支撑特定群体、阶层与身份的权力关系。所以我们可以看到，受众定位的准确性对广告以及电视电影作品具有巨大的影响，这些范围一般尽可能地扩大，但同时要保持对象的显著性。视觉在图像媒介的过程中呈现这样一种政治关系：图像依赖对自身结构虚拟场景的建构，从而与特定的群体建立权力连接关系，并形成个体可以再生产的体验结构。

代表视觉秩序的象征符号往往是将已在大众体验结构中形成的对于图像的特定认知转化为视觉现实。一定的视觉体验指代着一定

---

① ［英］理查德·豪厄尔斯.视觉文化［M］.葛红兵，等译.南京：译林出版社，2014：211.

的对象，并且代表一系列的意义结构。这些图像包括消费品、环境或人的装饰品以及一些特定的外观或动作等。图像作为符号的现实，视觉承担着中介机制，其他感官也有类似的作用，但是它们表达的范围远不如视觉。

个体日常实践的符号化与城市场景建构的符号化表达了人们与其建立的联系之广泛。功能性在这些图像所代表的物质或者其他形式中显然受到了象征意义的挤压。符号对视觉表达的意义往往超过图像本身。符号与视觉的联系意味着一种权力关系的建立，形成符号学意义上的权力交互。在城市消费空间中，代表视觉的商品，包括时尚服饰、提包以及流行饰物等，它们都被赋予了关于个体审美、时尚以及阶层背景方面的意义，男性的领带便具有典型的符号功能性，原是可以忽略不计的饰物，但它在许多场合又至关重要。这些事物表达出的并不仅仅是自身的性质，而是具备广阔外延的、具备强烈社会文化意义的象征关系，而只有当它们接触到视觉本身的时候，这种符号化的权力关系才得以建构起来。

这种符号与视觉之间的关系并不是简单直白的。空间之中潜在的权力关系与个人的身体都潜在地影响这种视觉关系建立的具体意义。视觉符号本身潜藏在结构中，并且在某种结构特定的形式中才可以形成有效的观念，这包括特定的对象、环境以及事物，另外，这种含义不是一成不变的：

以手势为例，我们知道点头或者摇头传达的是什么，

但若是另一种习俗，比如点头代表"不"，摇头代表"是"，

情况又会怎样呢？在北美洲，伸出一个手指是一种下流的手势，在英国伸出两个手指才是。在莎士比亚的作品中，咬大拇指（向某人咬自己的大拇指是一种挑衅）足够导致蒙太古家族和卡普雷特家族之间的杀戮。但是今天这几乎不可能再酿成一场暴乱。①

当然，现代性城市中也许不会存在这么严重的差异，然而传统-地方结构以及不同阶层与空间仍然可以使很多"自然属性"发生质疑。符号对于视觉而言是一种意识形态，并且呈现出一种结构化的暴力。符号不仅为视觉提供了一种体验的对象，更是令符号构成若干象征系统形成对视觉实践的占有。这些看似理所当然的，但是背后的公式化思维却是意识形态的。

专注于视觉文化的现代城市形成类似于福柯口中"监狱"的景观，现代主义的结构性条件对公共人的塑造是典型而单一的，人们既是陌生人社会中的一员，凭借模式化的公共关系进行互动，又是被建构的私人性和亲密关系中的一份子。视觉文化提供了一系列的权力关系，形成了身体与视觉的联系。任何视觉的现实都被明确地包含在某个空间结构中，并且含有空间本身的权力关系。在现代性城市中，视觉文化是一种事先包含着政治观念的形式，这种政治权力倾向对体验本身有深刻的改造。

---

① ［英］理查德·豪厄尔斯.视觉文化［M］.葛红兵，等译.南京：译林出版社，2014：102.

视觉文化对个体的改造很大程度上影响了大众审美的取向。视觉被当作一种获取信息并建构身份的主要形式，而且是最原始、最直接的感知形式，"第一印象"的概念是人们通过自身经验观察环境从而引导自身行为的重要基石。在现代性语境中对视觉的依赖是被当作处理复杂信息的一种方式，这种标准的形成并不是自发的，而是稳定且共有的，人们都对这个标准表示认同，从而实现标准的统一。人们对视觉越是依赖，也就对图像的象征性越依赖。统一标准的重要特征是任何主体都能够依靠这个标准去评价外部，也能够建造自己，这通常代表了对获取认同感的视觉支持，从而带有强烈的象征性。

判断与体验是视觉的首要形式，这使得外在形象所代表的意义在视觉中占据了主要地位，同时也导致了对表面化的视觉形象的过度重视。这种情况不仅反映在人与场景以及媒介图像的关系中，也呈现在人际互动中，后者在互相表现象征意义中更加集中且强烈。在人际互动中，对他者身体的体验与感知本来是一个漫长的过程，而且必须经过经验的交互。而现代性所建造的陌生城市本身只强调人际关系的功能性，尤其在私人领域中丧失了对身体的相互理解，视觉体验占据了人对于他者的主要认知。在商务或者正式场合，西装往往成为空间准入的象征，无法想象在写字楼中穿着沙滩休闲装进行谈判的场景，人们只有通过西装构成在这种环境中的相互信任。同样，人们在街头遇见一位衣衫褴褛之人判断他是流浪汉，但不会为一位衣着光鲜却躺在街头的人捐款。人们在进行会面或者偶遇时会相互打量，观察的重点包括男士的腕表与女士的皮包，而男士的发型与女士的妆容要显得合适而得体。人们就是通过这样简单直观

的方式得出评价，从而调整自己的交流方式。

　　人与场景以及媒介图像之间的关系也是如此。商店的装潢和侍者的装扮象征着阶级与品位，而电影的宣传海报可以激发的一个人兴趣也可以让人丧失兴趣。这些基于视觉的象征机制把身体、场景与图像化为直观的第一印象，在人际关系中抛弃了身体的立体感，使身体和其内在性的价值变得微不足道，从而失去了人际关系本身的价值（在人际印象的次序结构中，视觉感受如果收到负面影响，对其后整体的、功能性的甚至情感性的印象都会受到初始评价的影响），从而进一步影响身体体验的感知，这极大地改变了人们的情感与认知偏好。

　　视觉文化同时改造了个体与空间之间的信任关系。现代性城市的多元空间结构使得城市体验本身处于异质性之下，在消费空间中，资本逐利性改造的空间场景希望招徕更多的消费者，就需要对原本隔绝的文化特质进行消费主义的改造。这不仅带来异质性文化的形存实亡，同时意味着个人不可避免地踏入异质性文化私人空间的雷区。基于视觉的信任一般通过外观与表征的象征含义，当象征意义与事物本身产生了较大的差距时，就会带来理解的偏差。这些场景的改造影响了人们对自我与空间关系的感知。

　　视觉文化并不仅仅意味着一种自然的结构，更多是指一种身体与空间之间的连接，视觉、身体和空间这三者相互作用。视觉是身体的首要建构者，也是空间中图像、场景与外表进行建构的重要依据。作为一种对表征的体验，视觉文化建立在视觉第一性这样一种假设上，并且作为主体对他者意识的第一道改造程序而存在。形形

色色的媒体、视觉艺术、城市场景以及个体都在刻意地建构视觉中的真实，它们本就是这种象征权力关系的身体中介。现代性城市本身就代表一种巨大的象征关系，作为个体，如果要适应城市，就要付出全部异化的代价。

二、建筑与体验

建筑就其功能性而言无需赘述，现代性城市中遍布各式各样的建筑，在不同的时空条件下，建筑代表不同的体验、文化与象征，成为表达城市价值与特征的视觉文化。建筑是一种固定的物质形式，传达的并非只有功能性的效果，其高度、色彩、造型与位置都会成为一种主体体验的变量。

建筑本身是与城市空间紧密相关的。所有形式的建筑及其所在空间都是一体的，并且处于不断对空间场景的建造过程中，这可能表现出协调的或是扭曲的体验。而建筑本身是构成空间秩序的关键物质因素。建筑与建筑之间构成道路，因此构成秩序，而建筑本身的性质与道路的性质重构成了空间场景的秩序。建筑所带来的功能性及其视觉性是隐约相关，并且相互制约的。所以在建筑设计师眼中，外观本身就是功能的一部分，也是功能的某种象征。

建筑作为视觉文化最为稳定且显著的一部分，是由异质性构成统一的场景。这种场景上的一致性通过场景中不同的建筑象征话语而取得。这些象征话语本身就是建筑设计的自然表达，而设计背后则是对于某种形成性的隐喻构成的容纳特定秩序的建筑模式。诚然，

在中央商务区中建造大型仓储式卖场和在居民区突兀而起摩天大楼都是不合适的，城市的创意化区域可以找到更多的反乌托邦建筑，而在城市中心则充斥着现代主义。它们的搭配组合、密集性与功能定位都形成了特定的权力关系，对于人们形成体验与实践习惯，以及对于空间使用的平衡性都具有重要意义，在人们日常生活中是帮助其构建一般日常行为的重要因素。这种微观权力模式不仅与建筑相关，也与建筑背后的空间相关。正如切里格洛夫所说：

> 建筑是表达时间与空间、调节现实与制造梦想的最单纯的手段。它意义重大，不仅关乎对瞬间之美的表现进行创造性地处理和调节的问题，而且要对它所产生的影响进行调节，使之与创造了它们的人类欲望和进步的永恒光谱保持和谐一致。①

建筑本身构成了城市的社会环境，也划分了城市的现实功能，存在于建筑中以及建筑之间关系的各种话语塑造了人们的身体与体验。正如福考特认为的那样，建筑本身相互构成一个巨大的监控城市。商业区、公共场所、政府大楼或者居民区通过建筑群划分了城市的功能，并且通过围墙、栅栏划分行动的区域。不同的身份、阶层、性别和年龄在不同的时空条件下有着不同的活动权力。正是一

---

① ［英］斯蒂芬·迈尔斯.消费空间［M］.孙民乐，译.南京：江苏教育出版社，2013：3.

系列的建筑本身构成了排他性与关系性的权力模式。当然，对于视觉文化而言，建筑与建筑组成的空间场景关系都是权力的构造者，我们关注他们通过视觉中介的意识形态与权力关系，就要将视域集中于建筑本身的表面形态。

建筑本身的设计话语是视觉文化的重要组成部分，我们回顾现代主义与后现代主义的建筑表达，来分析建筑本身的形态对于空间中人们身体建构、安全感与体验的影响。建筑本身呈现的几何形状就是一种话语表达，包括现代主义与后现代主义风格的混淆与妥协，这种话语表达上的多元模式的混合只能在具象的建筑中得以实现，而在文本或者音乐中是难以体现的。建筑作为一种文化实践典型，设计师们是如何处理后现代主义文化的现实表达的，例如，洛杉矶的恰特·戴办公楼的设计师在处理工具性与多元文化的关系时，所体现出来的有机整合能力，这背后其实蕴含着无穷的妥协和争论。这些正是平衡建筑内在功能性与整体空间秩序结构的选择。

建筑学中现代主义文化可能是最为明晰的，因为建筑艺术家们明白他们想要创造什么。这种信念内化在建筑领域，使得现代主义在 20 世纪拥有对建筑学不容置疑的统治地位。我们可以简单地将曼哈顿的建筑群理解为现代主义宏伟的创造，这种类型的建筑空间越来越多地在世界各地出现，它象征着世界经济的中心、财富的汇聚地与国家能力的体现。上海、迪拜、东京、香港甚至加尔各答这些新旧都市正在不断迎合都市核心圈曼哈顿模式，并且通过高度的监控来维持秩序。

不断进行的工业革命对宏观的城市与微观的生活与办公提出了

高效率的要求，由此引发了关于建筑学现代主义的革命，这恰恰与尼采主义在时间上同步。"这始于20世纪之初乌托邦建筑理论和实践的不断发展。那场革命主要以1919年在德国建立的包豪斯学校为中心，该校的观念在瓦尔特·格罗皮乌斯、勒·科比西耶和米斯·凡德罗的作品和著述中得以体现"①。这三位现代主义建筑学大师相当程度上影响了当今世界的图景，他们的实际行动的结果被化名为柯布西耶的爱德华·让纳雷，盛赞为一种批量的设计、建造和生活房屋的精神。

　　20世纪初现代主义文化普遍思潮的理性主义所提出的理想使现代建筑找到了存在的标尺，精确化与标准化的形式成为最符合现代主义和资本主义发展的类型，现代性建筑作为资本主义大都市的象征被发展起来。这种风格崇尚一种高度的统一性，将现代文明的基本秩序整合进建筑的形式和功能中，使之产生与现代社会相匹配的高效行动。这无疑使得现代主义建筑拥有了城市感和社会感的"生命"，美国建筑学家赖特在1919年就曾经表述道，现代建筑正在成为"一个有机统一体……不同于以前那种部分的无生命的组合……是一个巨大的东西，而不是许多微小的东西的不协调的堆积"②。经典现代主义的代表人瓦尔特·格罗皮乌斯也与此有相似的论调，他强调现代建筑一定要遵循"忠于自我的，逻辑上透明的，

---

　　① ［英］史蒂文·康纳.后现代主义文化：当代理论导引［M］.严忠志，译.北京：商务印书馆，2002：105-106.

　　② 同①，106.

不含任何虚假和浅薄的东西"①的原则。

现代主义建筑风格的倡导者们反复强调建筑原则上的统一性，他们认为这种统一性是建筑所代表的文化原则的直观、有机的表现，而不是"强加的外在形式"。在这种意义上来说，现代主义建立的工业秩序理念正是同时代建筑所要去迎合的风格，这种基于内在和外在、形式与功能的高度统一性正是工业秩序在建筑美学上的体现。而对于达到这种统一的有机性而言，则是在建筑艺术中对其内部的价值抽离，从而在城市或者社会意义的整体中达到创造元文化。在这种意义上说，建筑的外在形式是内在要求的结果。这些要求不仅有建筑功能上的，还有建筑所代表的象征文化和建筑本身作为一种公众符号要求的。由此，正是现代主义才能产生对建筑基于形式与功能的内在统一性和基于秩序和文化的外在统一性的追求。

在现代主义建筑学家看来，建筑是艺术、科学和工业这些现代主义不同的特质在一致性高度成熟的环境下构成的"新统一性"的最为直观的表现，或许与马尔库塞关于一定历史条件下艺术、科学与宗教的重新统一的论述颇为相似，而对于现代主义建筑则恰恰相反，这种被动型的统一与基于自发感受力的统一截然不同。当然，无论是被动的统一还是主动的统一，现代主义的建筑学家同样沉浸在这种来自工业秩序的极权，这显然实现了瓦尔特·格罗皮乌斯的乌托邦理想："让我们携起手来，希望、设计和创造未来的新结构；

① ［英］史蒂文·康纳. 后现代主义文化：当代理论导引［M］. 严忠志，译. 北京：商务印书馆，2002：107.

它将把建筑、雕塑和绘画包含在一个统一性内，如同一种新信仰的透明象征，将会从成千上万的工人手中拔地而起、直冲云霄。"①这种环境同样强化着个人的身体建构，这种变革带来了阶级、文化与场景的一致性，并且由建筑本身表达出来。

20世纪70年代以来以查尔斯·詹克斯为代表的建筑艺术的后现代主义者们对这种已然成为当代秩序和"国际风格"的现代主义建筑表示明确地反对。显然，现代主义建筑的高度统一性使得一切矛盾都不复存在。由此，后现代主义的艺术家们十分关注这些建筑背后被压抑的话语是否得以释放，他们强调后现代主义文化要在随处可见的现代主义建筑的现实中重新认识其中隐含的深层意义与矛盾。这就拥有了这样一种潜台词：建筑作为现实与艺术的统一，承担着现实与艺术双重的引申话语。现代主义的建筑显而易见地将工业秩序投射在建筑风格和建筑功能上，这并不符合现实与艺术本应该存在的距离，现代主义将其平面化了。如果承认这种建筑的极权的存在，就必须通过破坏建筑的形式以创造和释放自由的引申来加以反抗。

"建筑是这样一种文化生产领域，其中艺术和技术，现代主义与现代性被迫进行合作"②。这句话中的对"现代主义"的理解可能与我们的概念有所不同，史蒂文·康纳借这句话主要表达了一种时间段下建筑风格背后的社会控制形式，而这个时间段则是现代主义

---

① ［英］史蒂文·康纳. 后现代主义文化：当代理论导引［M］. 严忠志，译. 北京：商务印书馆，2002：107.

② 同①，108.

成为经典的时代。建筑本身借助自身的形式表达出与文本类似的概念，与文本表达相似的是，建筑语言的表达同样可以形成有关于反叙事或者混乱的特征，这成为后现代建筑所要追求的目的之一。詹克斯在利用索绪尔的语言学理论对建筑的功能作用进行分析的过程中，指出后现代建筑功能与建筑符号意义之间的差异，是后现代建筑在功能和形式上对现代主义建筑内在统一的一种破坏，这也同时表现出后现代建筑的多元价值与叙事方式的交叉利用。这就意味着现代主义建筑在形式和功能上的二维统一被一种难以辨认的意义流动模式所打破。建筑所显示出来的符号语言"本身也是一个更大的、相互交叉的语言和交际结构领域的组成部分"①，这意味着其意义本身不是固定且拥有单一解释的聚合性的，而是通过不同语境的解读被赋予不同的意义。这种建筑形式明显是对追求绝对统一的现代主义建筑的完整性进行了颠覆性的破坏。后现代主义的建筑必须通过与现代主义意义呈现不同的的代码组织形式来适应多种语境的解释，它的一个重要前提是并不存在对于理解代码的集权，即这种代码一定是非聚合性的或者未填值的，它要求表达出自身形式的完整性和开放性，或者从某种意义上来讲是预先对自身进行解读。现代主义的建筑理念要求其文化环境、形式、功能与其建筑意图的极权式的统一，相比来说，后现代主义建筑通过建构不同的意义元素从而将存在的（而不一定是现实的）矛盾通过形式、功能和引申语言创造

---

① ［英］史蒂文·康纳.后现代主义文化：当代理论导引［M］.严忠志，译.北京：商务印书馆，2002：112.

可以蕴含在多重价值和意义中的矛盾来表现自身，这就意味着从建筑的本体论角度明显看到两种形式的不同。

建筑本身所体现的视觉性对于个人乃至阶级阶层的身份形成、身体构建、日常实践以及自我行动的逻辑的构成十分重要。在此基础上，权力关系由建筑话语表达与个体体验构成，视觉在其中以图像的以及场景的体验方式作为中介。建筑本身呈现出的客体的主体性与个体在被限制秩序中的不完整的主体性相呼应，构成了建筑的空间主观性，从而构成了身体化的权力关系。

三、公共景观的乌托邦

真的存在完美的城市吗？如果要得到肯定的答案或许应当这样问：真的有完美的城市体验吗？在视觉中，乌托邦式的公共景观是存在的，无论是光影技术所确立的空间魅象还是开放大气的消费空间，视觉对象场景越来越符合人们体验中的完美结构：完全自由的公共空间，丰富的色彩、设计以及艺术感，使人们沉浸在快乐与兴奋中，它呈现为消费空间以及其他公共领域。从这个现象中我们可以观察到一种表达为公共景观的封闭话语：被制造和被体验的场景与图像通过空间结构运作生产出乌托邦的视觉话语。

任何城市空间的生产过程都是一样的，公共景观意味着城市中一致性、完整性与闭合性的风景体验。空间运作的机制仍然是特定结构的主体体验，而有所不同的是，景观本身作为一个视觉场景的单位，不仅依靠投射在视觉中的结构在身体体验中进行再创造，还

依靠自身创造一种封闭化的结构：通过图像的仿像、技术性的转移以及跨越时空的再创造的手段，解除景观建立的时空限制，在有限的空间内进行时空重组。这种重组的结果就是引导一种个体体验的凝固，为视觉提供固定的意义与价值。

视觉的身体在很多刻意构建的场景中进行选择，从而形成扩张的梦幻乌托邦体验：

> 在步行街用餐也很"高档"。最便宜的地方是乔迪·马洛尼的香肠王国，在流行的威尼斯海滩木屋风格的明亮整洁的店面中，以在洛杉矶其他地方可以享用一顿早餐的价格（4 美元），售卖鸭肉和日晒番茄香肠。实际上，在整个步行街有洛杉矶各个部分的干净整洁版的缩影，如同一场向西的旅程，从好莱坞（18 个荧幕的电影）一直到太平洋沿岸（一个冲浪用品商店外的波浪水池）。长廊、户外座椅、整个仿地中海的概念，都公开借鉴于其他当地流行的购物区，像威尼斯、米尔罗斯大街和圣莫妮卡第三街。"步行街比其他场所更为安全"。它的建筑师约翰·捷特这样说，"因为这里是私人产业"。步行街的公共宣传中反复强调这一点。①

象征性的重组再造了场景的体验结构，乌托邦正是这种成功

---

① ［英］史蒂夫·派尔，［英］克里斯托弗·布鲁克，［英］格里·穆尼. 无法统驭的城市：秩序与失序［M］. 张赫，高畅，等译. 武汉：华中科技大学出版社，2016：123.

结构的产物。从场景中的单一图像而言，可能是从任何时空结构中被抽取的，关键在于这些象征图像相互组成的权力关系本身就是非自然的自然性。一方面，景观空间的人工再造空间，它最主要的职能就是建立乌托邦的现实，这个空间存在于城市之中，并且独立成为一种完整的体验结构，在其中包含着丰富的象征性。另一方面，景观中单一图像的意义在其中并不表现为它本身，而是服从于这种景观整体形成的权力关系，这个空间中关于图像的整合，表达了景观大于图像的象征意义、大于图像代表的功能性，就如同对消费空间商品和场景的分析一样，消费空间很多时候就是一种景观乌托邦。

技术在建构景观自然性的过程中起到重要作用。这看似矛盾，乌托邦生产倡导不存在极权和支配的自然模式，就必须取代自然形成对自由与完美感知的特定结构。技术生成了场景中的感知的核心，并且以一种不断流动的光谱和频率吸引着视觉的关注。场景本身的象征结构的建立依靠技术达成导向，无论是建筑物的高度、景观的结构色彩以及其中的传媒中介，这些图像都需要技术进行意义的压缩：任何城市不可能将巴黎、伦敦、纽约和夏威夷沙滩的本来面貌同时呈现，而只有通过技术的地景展现，视觉才会有此种体验。

　　　　刻意地选择形象，更换视觉角度，并控制镜头长度和构图的"共鸣性"。现代性的主要特征——按照新奇、轰动、同步、冲击来组织社会和审美反应——因而在视觉艺

术中找到了主要表现。①

随着这些表现而建立的则是一整套的景观体验。对于现代性城市而言，创造一种这样自由的极权形式是轻而易举的，而且这种景观同样会成为城市体验的核心。正如消费空间建构的意义那样，乌托邦对城市层面的占有与炫目的视觉对象对乌托邦景观的占有一样，甚至可以说城市本身是对资本主义的占有，正如哈维认为的那样，乌托邦是全球化的一种中心关系。

人们对于景观的感知首先是称心如意的，诚如贝尔所说：

> 每个社会都设法建立一个意义系统，人们通过它们来显示自己与世界的联系。这些一一规定了一套目的，它们或像神话和仪式那样，解释了共同经验和特点，或通过人的魔法和技术力量来改造自然。这些意义体现在宗教、文化和工作中。在这些领域里丧失意义就造成一种茫然困惑的局面。这种局面令人无法忍受，因而也就迫使人们尽快地去追求新的意义，一面剩下的一切都变生一种虚无主义或空虚感。②

城市中也许会出现这种茫然失措，但在这个过程中意义系统本身的多元化和象征化使得人们无法逃离。显然的，就消费空间而言，这

---

① ［美］丹尼尔·贝尔.资本主义文化矛盾［M］.赵一凡，蒲隆，等译.北京：生活·读书·新知三联书店，1989：155.

② 同①，197.

种多元性是十分清晰的。越是单一的维度的象征形式越不能满足场景建构的需要，最为可行的方法就是创造多元化、多维度的形式，并且尽可能超越人们的固定化认知。视觉刺激、象征仿像以及图像魅惑，在乌托邦中，这种流行意味着激发人们感知的流动性，并且以变幻的象征对象解构人们的体验，以破坏人们的固定化认知结构来创造新的流行。在这种流行中，意义、情感与价值不停流走，这不仅是场景权力关系对视觉的实践，也是进一步抛弃图像背后功能性的手段。

场景所建构的固定意义与价值，与这种不断变幻的流动意义体系看似完全相悖，实际上正如人们感受自己梦境过程那样，打乱自己清醒的理性结构，使白日的体验不断被破坏、流动和重构，才能够得到接触现实限制的梦境。人们可以自由定义乌托邦，这正是乌托邦本身带来的固定体验。城市本身就是多元异质性的空间，而乌托邦场景更是极力突破有限异质性的限制，从全球化的层面攫取象征资源，从而实现场景中碎片化的有机结构的建设。

后现代主义、现代性与视觉文化正处在纷争不休的关系中。乌托邦中视觉对象呈现碎片化形式的外在权力关系，这种存在文化本身的多元化表达潜质是理性主义所无法控制的。视觉文化在受众面前呈现出的感性形象更多的是对理性主义所建构的认知方式的破坏，换句话说，理性主义建构起来的视觉文化可以直接被受众的理解所解构，感性主义作为人的本能之一始终受到压抑，是一种激发潜在本能的直观表现形式。在这种意义上，视觉文化本身解放的潜力，理论上可以依靠碎片化的事实来实现。当这些理性主义的技术形式建构空前复杂的同时，其难以接受创造者控制的反面效应就展现开

来。在贝尔理论中，"感觉革命"的到来已成定局，我们可以认为以视觉文化为代表的文化形式正在从技术创造中释放出来，这种释放的途径恰恰是通过现代性最赖以维持自身的大众文化。当然，这种情形在业已全球化的城市中，永远只属于少数梦醒者等待体验变成"文化革命"的动力。

小结

视觉通常以观看为直观体验的方式，构成了人类获得体验的最重要基础。我们认为，视觉的特征建构了与图像之间的独特关系，这种关系构建了人们意识中的地理学。第一，视觉是一种特殊的"社会学成就"。第二，视觉本身意味着对图像的选择。第三，视觉的结果存在特定的结构，这些结构是在身体中再造体验模式的重要环节。

视觉实践围绕着成型的习惯建立人们的审美，这被当作是现代主义或者现代性的重要特征。人们习惯了这种客观化的现实，并且从视觉中产生基本的印象体验以及构建习惯性的观察方式。当视觉本身从诸多感官中分离出来的时候，视觉对象本身就开始倾向于使用关于视觉体验的构建模式，城市是由景观构成的，而不是由声音或者气味构成的。当视觉、触觉和听觉作为身体化的应用差别逐渐分离开来，一系列关于体验场景的规范就逐步被建立。

视觉文化的指向性是通过主体视觉观察到的对象，作为客体的视觉对象在不同的经验中得以区分。它对个体的改造很大程度上影响了大众审美的取向。视觉被当作一种获取信息并建构身份的主要

形式，而且是最原始、最直接的感知形式，"第一印象"的概念是人们通过自身经验观察环境从而引导自身行为的重要基石。视觉文化同时改造了个体与空间之间的信任关系。

建筑本身是与城市空间紧密相关的。所有形式的建筑及其所在空间都是一体的，并且处于不断对空间场景的建造过程中，这可能表现出协调的或是扭曲的体验。作为视觉文化最为稳定且显著的一部分，建筑是由异质性构成统一的场景，它本身构成了城市的社会环境，也划分了城市的现实功能，存在于建筑中以及建筑之间关系的各种话语塑造了人们的身体与体验。

在视觉中，乌托邦式的公共景观是存在的，无论是光影技术所确立的空间魅像还是开放大气的消费空间，视觉对象场景越来越符合人们体验中的完美结构：完全自由的公共空间，丰富的色彩设计以及艺术感，使人们沉浸在快乐与兴奋中，它呈现为消费空间以及其他公共领域。与任何城市空间的生产过程都是一样的，公共景观意味着城市中一致性、完整性与闭合性的风景体验。

第七章

————

后现代性与城市的未来

我故意使用了这些模糊逻辑的推诿词汇，因为对年轻的设计师们来说，工作要依赖于又要区别于他们的前辈。这种组合的逻辑，这种携带一些观念的同时弃绝另外一些观念的双重运动，是一个自觉的传统的第五部分，也是最明显的部分。我在进行讽刺时贬抑了这些设计师，但我的目的更多的是挚爱而不是中伤，因为，像所有将要切割出一块新的空间的创造者一样，他们在使别人信服以前，必须让自己信服自己这种激进的他性。①

① ［美］查尔斯·詹克斯.现代主义的临界点：后现代主义向何处去？［M］.丁宁，许春阳，等译.北京：北京大学出版社，2011：331.

引文中的例子再次证实了，批判的现代主义如何与大写的"批判的现代主义"相联系，具有各种说服力的现代主义如何担负着发明一种边缘的差异并称其为"新"的这副重担，担负着感谢前辈的同时担负歼灭他们的重担。然而，这场论战和竞争会掩盖背后未能言说的理解，显在的意见不合就像仪式化的空拳练习一样。这场战斗的目的是对翁贝托·艾柯进行解释，其中每一个拳击手都知道他的对手知道，只有以古怪的现代方式展现更深层次的欣赏，才是终场的哨声。

一、象征及话语

"现代、现代性、现代主义，这些词在法语、英语、德语中的意义是不同的；它们并不指向清楚、明晰的观念，也不指向封闭性的

概念"①，众说纷纭的概念解释都承认对封建主义的反抗是现代的发端。严格地讲，世界近代史的发端是从文艺复兴与新航线的开辟到英国资产阶级革命，英国的革命彻底开启了近代征程。现代主义造就了革命的思想革命和社会土壤，形成了现代社会。从这个意义上，生产关系上的资本主义萌芽就是现代社会与现代主义萌生的根本基础。

"现代"通常被认为出现在 16 世纪的文艺复兴运动中，在反对宗教神学的禁锢过程中对这个词赋予了全新的含义，与西方"礼貌"或者"文明"等概念相似，都是在一定历史条件下进行的为世人所侧目的转折，这种转折旨在建立突破神学垄断的解释，即"真正的宗教，它说，即是真正的哲学；相反，真正的哲学也就是真正的宗教"②的宗教传统哲学观，这就意味着文艺复兴本身对于现代这个词的理解表明人文主义者用自身的价值代替宗教价值的愿望。文艺复兴同宗教神国的分离并不算十分彻底，但是在这一时期的社会理论中，正如罗素对霍布斯的评价一样"如此结合起来的群众称作国家，这个'利维坦'是一个凡间的神"③。这意味着作出社会本身的秩序与合法性的来源是在其本身中而非在社会之外的社会理论贡献的文艺复兴中，一种关注整体现代特征的概念应运而生。

---

① ［法］安托瓦纳·贡尼巴翁.现代性的五个悖论［M］.许钧，译.北京：商务印书馆，2013：7.

② ［英］罗素.西方哲学史（上卷）［M］.何兆武，李约瑟，等译.北京：商务印书馆，1963：493.

③ ［英］罗素.西方哲学史（下卷）［M］.何兆武，李约瑟，等译.北京：商务印书馆，1963：72.

晚近现代主义与晚近现代性一样，作为一种城市规划形式，代表了整体、统一与多元异质性的整合。大规模的规划与重组，反映在图像形式上的应用模型，以及对于城市秩序的干预，都是现代主义带给城市的改变。

第一，现代主义完成了现代城市的基本规划。这包含对城市与自然基本关系的构造、城市空间功能与结构，以及城市物质性的基本内容。这种规划方式最初是基于实证主义，在晚近时期更多地强调构成城市的象征价值。社会工程学这个概念认为城市需要通过理性主义的总体规划以及对科学成果的广泛应用，其目的是在人口、用地、需求越来越膨胀的城市中，塑造更好的生活体验。这种现代主义实证基础的城市构建方法论建造了实际的城市，形成了关于城市实体空间的多重雏形。近几十年来，大都市独断的物质性权力地位随着资本主义新形式的出现而发生变化。多元空间的权力隐喻表达着空间现实性、虚拟性交互、流动与影响的事实。其中，现代主义更多被当作工业流水线向文化流水线转变：消费文化的兴起、亚文化的虚无化、场景与图像的象征权力以及空间结构的科层制。

第二，现代主义的话语结构和实践结构同时受到了后现代主义话语的影响。费迪南·德·索绪尔认为，话语结构本身要取决于人们的理解，而不是语言结构本身。而后现代主义在当今多呈现为表征与话语，这就意味着城市空间结构与表征话语之间的关系并不是确定而真实的，相反则是受到空间的具体对象的影响而与之共同建构的。这样，后现代话语的表达方式可能和很多流行文化的消费品一样，作为象征的而不是现实的文化结果而出现，这不仅不能改变

现代主义城市的一般秩序，相反其本身通过对自身话语的消费循环而成为多元文化的一部分。

后现代主义的争论集中体现在关于后现代主义基本特征的表述上。后现代主义与后现代性有所不同，城市对于前者的表达显然更多一些。相比于尚未形成一种城市性的后现代性，后现代主义则作为多元文化形式的一部分表达于各种图像、场景甚至构成独特的后现代空间里，作为现代性城市多样化的一部分而存在。

利奥塔提出后现代主义面临如下的特征：对元叙事进行彻底怀疑和决裂，进而对整个世界所构成的秩序，即"那些曾经控制、界定和解释世界上所有不同形式的话语活动的普遍指导性原则和神话的怀疑"①。现代主义已经肯定并认同了这些特征，然而后现代主义一贯的怀疑主义还要探讨这种肯定是主动和还是被动的，这种肯定对这些状况本身存在着怎样的影响，这恰恰代表着对肯定的怀疑。随着多元文化的被解构呈现出的后现代文化的多元价值，使得文化的主动性辐散不再是一元中心的，而是多元中心的，由此带来的是后现代文化的权力中心的迅速增多。这些权力的来源得益于后现代性代替了现代性不断成为亚文化的结构模式。这意味着多元文化的价值统一于多元之上的局面的消失，意味着"总体叙事的解体"，这种呈现方式在原有的宏观场域看来是解构的状态，而对于每一种亚文化来说是真正拥有价值和权力的开始。

---

① ［英］史蒂文·康纳.后现代主义文化［M］.严忠志，译.北京：商务印书馆，2002：15.

　　总体性的叙事宣称控制了复杂的社会秩序与活动，并且可以对任何行为和现象展开统一的权威的解释，这种神话模式正是取代宗教冲动力而被工业社会秩序所控制的文化秩序。现实维度中每个个体从单纯的接受者到文化话语的解释者和创建者都服从于这一秩序，使得原有的民主与自由的秩序崩塌。这种假象的秩序服从的仅仅是现代资本主义的权力关系，而非一种独立性质的自然关系。随着现实中城市空间的流动与重构，可以看出不同文化的价值逐渐显露，使得一系列建构得并不牢固的权力关系得到被释放的迹象。一种代表着不平等政治关系的等次结构的消除以及逐渐转向异质结构，正是这种权威逐渐消散的表现。也可以说是一种处于统一的权威——服从等级制下的异质性，逐渐转化为一种基于平等的自然属性，而非政治属性的异质性。这就意味着文化上的相对性得到了真正的实现，而不是现代主义文化模式下价值高于存在的权威相对性。这种情况正如德勒兹所言：

　　　　友情就是这种变化性，它意味着与外在的相遇……大众的感情：不是整体主义或集权制，而是联合主义。民主和艺术本身都只在它们与自然的关系中形成一个整体；否则，艺术将陷入病态，民主将沦为欺骗。[①]

----

　　① ［法］吉尔·德勒兹.批评与临床［M］.刘云虹，曹丹红，译.南京：南京大学出版社，2012：123.

现代性城市的特征混淆了现代主义与后现代主义的表征。后现代主义的文化模式，无论是表达于公共性的视觉文化中的，还是在私人领域建立的，都在现代主义城市本身的结构阈限中。而被当作现代性后果的很多形式：碎片化的文化、后福特主义等，都被贴上后现代主义的标签。后现代主义、现代主义在城市整体规划中仍然能实现联通甚至融合，这种多样化的事实令我们不再去生硬地进行二元划分，也不进行明显的价值评估，而是探讨后现代主义在城市中的表达特征。所以，现代主义与后现代主义的关系在城市中表现得异常复杂，空间的扭结、叠加与再造往往伴随着两者同时生产。后现代主义既是一种尝试建构的风格，也是业已存在城市中权力关系的组成部分。因此，就某种表象、话语或者象征符号来判断自然是不正确的。转变的权力关系：

　　"比如，几乎所有的自由民主国家，在过去的一个世代都出现了大批新的权利。许多民主国家不仅保护生命，而且也明确了隐私、旅行、就业、休闲、性偏好、堕胎、未成年人等方面的权利。不屑说，其中许多权利的社会内容模糊不清，甚至相互矛盾。我们不难预见，独立宣言和宪法所规定的基本权利，会因为那些为了社会更彻底的平等化新提出来的权利而受到削弱。

　　我们当前关于权利性质的话语前后矛盾，源于对人性的理性理解方面更是陷入深层的哲学危机。权利直接源自对人的理解，但是，如果对人的本性没有共识，或者说这

样一种理解在原则上是不可能的，那么任何定义权利的努力，或组织创造新的且可能是伪造的权利的努力，都将是徒劳的。作为这种情形是如何发生的例子，我们可以设想一下未来权利的超级普遍化的可能性，那时，人与非人的区别不再存在。"[1]

后现代主义与现代主义在现代性城市中的地位本不相同。作为后现代主义而言，辨别这种形式并不能依靠文化的象征性，而是其所在空间内在话语的权力结构。后现代文化的表征并不是先验独立的文化个体，而是同样处于空间权力关系的支配之中的，其内在本质的表达需要主体与其背后的物质形式或者空间形式共同作用。所以在本章中，我们没有将后现代主义作为一种分析方法来应用，而是作为一种现实的文化形式，作为一个研究对象来分析。事实上，后现代主义在作为一种文化事实时，同时为城市文化提供一种全新的实践方式。

无论是现代主义还是后现代主义，作为一种文化形式的对象并不存在任何唯一正确的解释，它们的本质并不依赖于它们的表达，而是依赖于一种建构的形成性。任何理解的形式在不同的空间与权力关系、不同的身体之间都会发生变化，我们对任何文化习以为常的观点只是我们个人的惯常思维，而不代表唯一的理解。这就意味

---

① ［美］弗朗西斯·福山.历史的终结与最后的人［M］.陈高华,译.桂林:广西师范大学出版社,2014:305-306.

着现代性城市并不是一系列固定的意义和物质形式简单构成的，而是现实与虚拟空间的多重形式与关系构成的。这并不意味着对城市物质性的否认，而是否认关于城市文化或者符号意义理解的先验性。象征及其话语表达的流动已经被嵌入到了城市不断变动的空间结构中。这样，城市的边界可能变得越来越模糊，城市与自然也随着技术的进步逐渐变得轮廓模糊。

基于这种城市时空背景的后现代主义文化现实，迄今为止只能以文化象征性的面貌出现。即使是后现代风格的建筑、物品或者其他物质形式，它们代表的仍然只是后现代的文化象征意义，而不是与现代主义等同的权力与体验习惯，这更加加剧了物质实体与文化象征在后现代作品中的分离。当然，多样性本身就是合法存在的，任何话语都不能阻碍其他话语表达的权力。现代主义通过文化多元性掩盖下的实践模式与体验结构的工业生产，从而使得虚假覆盖了文化领域，形成城市内在的规训与外在的文化自由。后现代主义则是希望通过利用文化多元性的事实，制造异质性的场景和图像，在其中建构与众不同的知识、体验与身份，利用流行文化的传播，暗示一种压迫性的话语是不应当存在，从而从个体领域试图摆脱文化工业。正如哈维在评价女性主义时所说：

> 反对统治团结和合并团结的理论和实践斗争，不仅摧毁了父权制、殖民主义、人道主义、实证主义、本质主义、科学主义以及其他无人惋惜的各种主义的正当性，而且全都要求有机的或自然的立场。我认为，激进的和社会主义／马克

思主义的女权主义者也破坏了他们的／我们自己的认识论
战略，而这是想像各种可能团结的重要步骤。①

　　这些可能性意味着后现代文化与现代主义文化本身就是不可分
割的，双方都要彼此利用达成完整的时空建设。后现代文化不断获
取象征权力与多元政治建构的过程，正是他们创造新的时空秩序的
过程，这种交织与流动在城市中呈现如下表达：

　　第一，后现代主义在城市的文化实践中很注重符号与图像背
后的意义。现代性的权力关系使得符号与图像的意义与其所在空
间密切关联，造成了符号与图像和其意义的分离。在现代主义的
前提下，符号与图像作为表征，背后受到了一整套权力关系的制
约，这种制约并非符号与图像本身所具有的，而是城市空间的权
力结构所支配的。这种支配性在多元文化中连续不断的生产并且
将文化本身作为权力结构的节点。这种对文化意义解构的结果仍
然是多元文化的表达，但是文化并不作为其自身而存在，即使在
不同空间的权力关系中它们仍然呈现多元化的意义，原因是它们
依附于空间权力结构。因此，后现代主义的文化形式希望在事物
本身中创立不可转移的意义形式，只有这样才能在多元文化的前
提下创立真正的多元意义结构，而不是依赖空间而建立的多元形
式或者多元表征。

---

　　① ［美］戴维·哈维.正义、自然和差异地理学［M］.胡大平，译.上海：上海
人民出版社，2015：332.

后现代主义的解构实践在城市文化中仍然难以立足。后现代主义对于意义的关注，一方面强调了文化符号或文化图像本身的意义，另一方面关注与其连接的权力关系，这就使得以解构形式存在的后现代文化呈现碎片化。在我们所叙述的前提下，后现代主义要求文化符号与图像需要与其连接的空间权力关系断裂。这意味着外在与内在的权力关系的断裂，文化与图像对象失去了权力关系的根基，从而呈现液态的流动性、不确定性以及赋值性。真实的意义本身由于空间结构的生产从而失去栖身之地，这就是我们可以观察到的后现代产物的现状。

第二，后现代主义作为一种文化运动，在现代性中发挥作用。这种对立统一的关系有些类似于当今国际格局中资本主义元素与社会主义元素之间的关系。随着多元文化运动而一同兴起的后现代主义文化形成自身独立的文化空间，当我们进入这个空间时，后现代本身成为城市多元文化合法生产过程中的一部分以及一种文化阐释方式。后现代主义的表达方式也许具有侵略性、斗争性与反抗性，但它仍旧只是一种符号的实践。与后现代主义保持一致的多元文化的其他组成部分的一个主要特征就是对城市异质性本身多元的解读。现代性将后现代主义当作与其他文化形式并存的一种模式，而不是与自身对立的地位。这种形式上的包容在实践中消除了后现代主义能动的向度，这集中表现在对后现代主义文化的物化上。正如我们在前面阐述的那样，后现代主义作为文化消费的物化，导致了其本身向物的回归，这种回归将多元性压缩为一元性，仅仅留下了物化的多元性表征，如此实现了对后现代可能性的消除。

实际上，在城市中的后现代主义的一种重要现实就是日益符号化与图像化的文化形式，这种物化与意义的分离将后现代主义的语境固定在某一物化的对象中，从而被抑制为文化的表现形式——符号与图像中。权力关系由此建立：后现代主义在被纳入现代性的文化生产环节中，改变了其文化应用于不同语境的普遍性，从而建立起与现实性表征联系起来的指向性。这个前提下的后现代主义在现代性中仅作为多元文化的一部分而存在，使之失去了本身的文化框架。现代性重构了关于多元文化的主张，并且将这些主张重新汇聚，形成某种超现实的结构。在某些观点看来，对于现实文化的超现实重构被当作后现代的产物。我们认为超现实之所以得以被建构，是因为它所表达的话语虽然没有统一的源头，但是都将话语的意义嵌入到了现实建构的场景中，这种建构的模式可以创造全新的权力关系，并且将文化表征的意义局限在特定的范围之内：

城市再一次清楚地证明了这些趋势。迪斯尼主题公园可能是这个超现实最极端和最明显的例子，因为它表现了一种舒适、卫生、赞扬爱国主义、传统家庭价值观、自由创业的历史观点，同时掩盖了暴力、剥削和冲突的历史观点。这种有意识的城市环境创作被称作想像工程。阿彻认为，在佛罗里达的奥兰多，一种特殊的迪斯尼景观社区和历史的创造需要对私人空间的高度管理。因为一个管理较少的公共空间会导致现实观点的分歧、分裂和变化。它也使人们不断意识到空间想像工程的本质，同时使得人们参

与到这些空间建构的活动中去。①

　　所以，这种重构被我们当作是现代性的，它不仅不在本质上表达后现代主义，而且将后现代文化与艺术的语境进行改造，企图以现代性意识形态的代码置入后现代的文化表征中。

　　第三，后现代主义本身的文化多元性与现代性的文化多元性在当下共存。后现代主义在其兴起之时形成了关于文化多元性的呼吁，以抵抗现代主义的意识形态极权，这就使之必然以多元文化的本质形式来展开自身。后现代主义意味着文化本质的多元性，体现在价值多元、权力关系真实与资本支配的削弱等方面，而非文化表征的多元性。现代性文化多元性意味着全球－地方结构在全球化背景下形成的物化的文化消费的多元性。这两者有本质区别，却共存于当下。从 20 世纪 70 年代开始正在逐渐兴起的多元文化中，不同领域、不同表现与社会阶级层次的文化存在都乐于接受新鲜事物。从某一学科的内部到顺理成章的跨学科层次上，在哲学、社会理论、小说、电影、摇滚乐中，开始尝试接受这种表现形式和分析方法，以确立文化与社会对后现代主义这一全新理念的接受。这种新的视域并不需要一场革命性质的运动来确立自身地位，对多元主义文化的弘扬为对现代主义和现代性的全新解释提供了空间。这就意味着后现代主义作为新概念的合法性被予以承认。而问题的关键在于，后现代

---

①［美］保罗·诺克斯，［美］史蒂文·平奇.城市社会地理学导论［M］.柴彦威，张景秋，等译.北京：商务印书馆，2005：62.

主义和企图将后现代主义物化的博弈。后现代主义作为一种自由的原始模式，在由消费为核心构成的权力关系中改造了自身的意指，双方都试图将对方的话语结构纳入自身的语境中，从而两者呈现共时性。

当然，伴随城市空间界限的模糊与混合，后现代主义作为一种文化形式对不同城市空间的渗入愈发明确。正如利奥塔所说，后现代主义并没有一种元语言结构，并且没有一种元叙事来表达这种工具的目的性和正确的用途，但它们可以通过集思广益增强工具的性能，这就意味着它能够有效适应不同城市空间中的文化模式甚至有机融合进入其权力结构中。这种不断的改造形式在边缘空间的作用尤其强烈，本身就有依附意味的边缘空间，很容易受到后现代文化的冲击，解构主义在对这些文化模式进行审查的同时，唤起了消除边缘地位被结构支配的潜力，从而加强空间的异质性。这种对空间权力元结构的破坏赋予了文化形式既可以从属现代主义，也可以选择不去信任现代主义而去展开新的不确定的形式创造。失去了现代主义的元叙事所带来的秩序和稳定性，后现代主义凭借自身前所未有的形式获得了地位。正如诺克斯说过的那样，后现代主义，由于其混乱以及无秩序的现实状态，导致了表示者和被表示者、意象和现实间的流动性和不稳定性不断加剧。

价值、权力与文化的真实话语已然被现代性的政治行为控制之下的象征符号肢解得支离破碎，并且实现了以消费关系为核心的二元重构。人们在生活中得到的不完全的甚至是虚假意义的构成正是空间权力体系的赋值而非文化的真实。这些话语的表达结构构成大

众认知和心理甚至直接指导行动的基础，从而建构一种非真实的真实性。在现代性城市中，人们的主体实践对象的真实性（并不等同于物质性）与这些实践对象的自我价值的虚假性构成了实践活动目的性的建构，这种实践的交织就是所谓被重构的现代性城市。

在鲍德里亚看来，模拟社会似乎更准确地印证了后工业时代无价值的多元文化盛行并进行不断的再生产的盛况，称之为"无物掩饰"的拟像化秩序，就是时空凝固的文化的体现。这就意味着，与"内爆"概念相匹配的超现实性概念本身表现出用表征和符号代替真实从而消除与真实的差异的资本主义的自我维护，实际还蕴含着对于后现代主义文化的现象转化为真实的冲动。同样，对拟像和真实融合在物质性空间中同样有利于文化现代性结构与本质的分解，这无疑是"内爆"特征的反映。在后现代文化反复与权力关系结合的过程中，这些内部意义的瓦解本质上就是多元文化的城市空间中文化模式的解构，这种话语意义的博弈仍在继续。

二、空间与景观

现代建筑，1972年7月15日下午3点32分于密苏里州圣·路易斯城死去。当时，名声很糟的帕鲁伊特·伊戈居住区，或者说它的若干座板式建筑物由黄色炸药给予了慈悲的临终一击。在此之前，它们被其黑色居民们所破坏、肢解和糟蹋。尽管成百万美元被用来试图使它们活下去（修理损坏了的电梯，粉碎了的窗户，重新油漆），最后

还是蓬、蓬、蓬几声使它们解脱了苦难。①

　　詹克斯的这段著名的言论从某种意义上宣告了现代主义衰亡的开始，起码在建筑这一显而易见的领域，由集权和机械制造为核心的建筑形式变得不再受欢迎，它代表着压抑、控制与物化。这摆脱了文化维度"后现代主义"的限制，在建筑中实现了某种程度的"后现代性"，这两者的不同就在于后现代主义是否作为一种当下现实的特征而存在。显然，用"后现代性"来描述逐渐形成的后现代景观具有重要意义。也许后现代仍然只是现代性多元文化合法性中的一部分，但它已经在物质层面具有了特征集中的场景，并且一定程度上摆脱了现代性的价值干涉。

　　后现代主义文化对于空间与场景的改变和重构生成了后现代性。在后工业时代的促进下，城市中出现了很多异质性文化的空间，它们的建设形式与企图很多都与后现代主义文化有着密切的关联。更加显而易见的是，这些空间的视觉模式显然是反现代的，这并非意味着后现代一定是反现代的，而是说明一些群体实践对现代城市的重新认知。那种传统的建筑与场景在某个空间中不复存在，取而代之的是不规则的建筑、抽象画色彩的涂饰、独特的功能以及错落有致的相互结构，这被许多评论家称作后现代文化艺术实践的典范，而只有它们相互聚集才能彼此成就。这种都市中总能够见到的现实

---

　　① ［美］詹克斯.后现代建筑语言［M］.李大夏，译.北京：中国建筑工业出版社，1986：4-5.

也许意味着詹克斯口中现代主义的"终结"。它们并不能在城市中占主导地位，从现代主义的标准来观测，这些建筑、场景的利用率和创造财富所适合的规模仍然只是与后现代文化的地位一样，有一席之地，四周却是难以逾越界限。

同任何文化形式一样，服务于科层制的现代主义建筑结构被认为是习惯化的建构，包含对统一实践方式、视觉体验的意识形态的生产，从而形成关于城市功能分化的日常话语结构。城市空间的现代主义建构正是这样从建筑维度划分了阶级、资本与实践方式，从而成为现代城市的景观表征。而传统上以居民与场所的历史和认同为基础的建筑结构或者被消除，或者成为这些大楼夹缝之中的惨淡留存，取而代之的是统一归规划的摩天大楼。技术创新不断更新那些略显老旧的建筑，城市中心的摩天大楼群是城市的骄傲，而规划有致的居民区同样值得赞赏。现代主义风格的统治不言而喻，这种极简主义的风貌并不需要过多的修饰，无论是其内容还是外观，都是为了实用本身。它是创建有序的时空规则，推动更高效生产以及隐藏特权的最好方式，人们身处其中就可以明白自己的身份、责任以及行动规则，这种空间的结构遵循财富的分配原则，因此现代主义建筑被认为提供了完全功能化的表象与空间。

后现代主义建筑的构成是意义独立的，而非依赖空间属性。后现代主义建筑试图通过集聚创造一个后现代空间，其中并不包含某种特定的价值模式或者实践习惯，可能人们走进任何一个建筑之中的体验是大相径庭的，因为它们并不代表相同或相似的价值与功能，而是实现了外观、体验与内在功能的一致。他们各自具有独特的象

征性，甚至多少有一些开放的随机性，这意味着对受众意识并不明确的指向性，即自由的价值选择。

现代主义建筑则恰恰相反，以几种典型的构造形式为主要特征，其功能性、外观构造以及个体在其中的实践模式都是大体一致的。现代主义城市的整体规划中，尤其是典型功能区的划分得以确立起来，中央商务区的摩天大楼，居民区的住宅楼以及公共空间的商场、公园与博物馆，或宽或窄的道路将这些区域和建筑分割，其设计与场景都体现了空间的整体规划。同时在微观层面上，场景本身要求建筑多样性，不同的建筑风格与方法同时存在于同样的功能区中，这并非意味着后现代对于建筑领域的呼吁，而是现代性本身的多元性手段，而相比于这些神似形异的外形，建筑的目的性仍然是一致的。多元性就在于地方－全球结构本身带来的文化多元性，通过简单的几何线条、规划与空间规则形成的多元建筑的事实，仍旧是忠于现代主义的。从本质上说，这些建筑并不存在政治差异，它们仍旧是对于多元文化进行消费的结果，多元性只体现在表征中。

正如詹克斯在建筑学领域宣告现代建筑的死亡一样，对现代主义通过排斥异己而确立自身存在意义的美学思维方式在现代主义浪潮中面临自身消除自身存在的矛盾，只能通过一种与其对立面共存并显示出明显的联系的辩证法的美学观点来继续存在，这种将批判主义直接蕴含在美学表现的张力中的手法被认为是后现代主义的美学。萨缪尔·贝克特直接在人们的阅读视觉中体现了反逻各斯的沉默和混乱，一种专门化的舞蹈形式抛弃了那种原有对文化的固定成见反而去追求一种不那么和谐的统一性，电影领

域从展现历史转向对叙事经验的直接描述，种种表象则被认为产生了当代性的思考。那么，意味着社会生活和学术场域的各领域中都出现了针对现代主义进行反抗的文化实践，这种实践并非刻意为之，而是在对现代社会和现代文化的双重维度的反思和矛盾阐释中得以形成的，这就不约而同形成了关于社会文化领域后现代主义思潮的一致性。

后现代性在城市空间中呈现为后现代主义建筑及其构成的共同场景。当然，现代主义与后现代主义之间的界线并非十分分明。后现代主义并不全盘意味着对现代主义的颠覆，起码前者即使有取代后者的意愿，但这两者之间的关系仍存在实践中的辩证性，正如"后现代"存在于"现代"之中，"现代"也存在于"后现代"之中。

所以，建筑上的"后现代主义"与"后现代性"概念本身就是模糊的，在实践维度中这些建筑必须符合某些现代主义功能性的尝试与特征，同时这些建筑的建造背景仍然是与城市中其他建筑无差异。这背后是现代性城市空间本身意义与价值的赋值。后现代主义建筑并非仅存于纯粹的抽象，应该同时与现代主义文化表征的多元性保持关联，全球－地方结构的建筑文化本身就是被结构的对象，而现代主义将其当作是现代化的对象，这样就引发了两种不同的场景，现代主义将多元文化建构成为形式上有限的差异性，同时提供的仅仅是艺术感上的现代美学。而对于来自传统、地方以及来自后现代艺术风格的建筑而言，则消除了现代主义建筑功能性与形式的差异，从而实现了建筑实践中的开放性，形成了一种同时可以容纳

多重话语结构的表达模式，而其本身的形式随着建筑想要表达的意义和功能呈现某种解构。

后现代主义建筑经常用多重象征手法，通过解构的实践形式创造不属于任何既定意义的模式。它可能吸收某种历史上的风格，也会容纳抽象艺术的现实，同时能够接受来自现代主义本身的影响。后现代建筑并不排斥关于现代主义的功能以及意义，而是试图将业已分裂的表达系统解构并重新整合。而现代主义并没有将这些形式进行意义的规范与赋值。

所以，后现代主义的空间是难以划分的，城市空间本身的概念在这里同样难以说通：空间意味着权力关系的连接场所，而后现代建筑的组合则意味着另一种失去权力控制的场所。如果对于后现代建筑所构成的场所而言，人们在其中找不到什么基本的逻辑，也就意味着其中难以有建筑本身意义之外的权力关系的建立，这种场所本身就是解构的，而非结构的：

至此，空间范畴终于能够成功地超越个人的能力，使人体未能在空间的布局中为其自身定位；一旦置身其中，我们便无法以感官系统组织围绕我们四周的一切，也不能透过认知系统为自己在外界事物的总体设计中找到确定自己的位置方向。①

---

① ［美］詹明信.晚期资本主义的文化逻辑［M］.陈清侨，严锋，等译.北京：生活·读书·新知三联书店，2013：407.

三、消费与文化

现代主义的消费文化是一个重新建造意义的过程，空间与场景在主体选择消费品、构成消费实践、产生消费体验的过程中起到关键的作用。这意味着人们并非仅仅是在进行功能的消费，而是在进行关于在生产城市中个人的身体以及角色实践的权力关系。在这个前提下，现代主义通常涉及更多物质及文化背后权力关系的生产与消费，这代表着意识形态、大众审美以及阶层分化等方面，消费成为整合城市权力体系的实践形式。

消费品的种类多种多样，现代主义的多元文化呼吁使得全球化背景下的传统－地方结构主要通过呈现商品化的过程保持文化多样性的表征。同时城市本身为取得更好的全球或者地区的经济地位，更多地将更加具备竞争力的消费文化种类作为城市典型的乌托邦空间来营销，这种城市特色推广的实践屡见不鲜，拉斯维加斯的博彩业，迪拜的沙漠都市，以及标榜着浪漫的巴黎和威尼斯，这些形式意味着城市自身在全球化中的重要位置，从而构建起全球的或者地方的主体功能定位，在更宽广的空间中形成某种权力关系的中心，同时创造属于城市本身的独特体验模式。另外，消费空间的建构已经不再是那种传统的特定空间，而是与城市整体的场景密切相关的，它模糊了专门消费空间的界限，使得城市本身成为一种文化消费品。在此基础上，文化消费、风景区以及专门化的消费空间的建造（比如大型的城市综合体，城市中心的商圈以及奥特莱斯城这样的一体化商业区）本身作为城市风景的一部分，参与城市的再造。此外，

消费品种类的多样性随着多元文化的意识形态衍生。尽管在功能性上大致相同，但很多消费品呈现出美学化、商标化、符号化的意义，使得消费本身去功能化而转变成为以不同权力关系建构的意义过程，它创造了不同的身份、阶层与角色，就比如流行乐、民谣、摇滚和爵士乐这样的流行差别，以及越野车、敞篷跑车、休闲商务车多种样式的差别。

　　作为现代主义消费的后果，消费者本身参与到了关于商品与城市的建构中去，从而掀起一种象征性的潮流。地位商品意味着大众消费意识形态的根本变化，人们在消费实践的过程中面对的不是某种需求的功能，而是关于阶层自我认同的期待。无论是物质消费品还是文化消费品都是如此，事实上，这两者越来越变得难以分离。由于消费品并不以单独的商品出现，而是以一种消费场景的形式纳入到人们的体验中，消费行为就变得对空间场景高度的依赖。这种后工业时代的消费模式使得消费空间本身成为人们的消费对象，而不仅限于消费品。所以，被人们所不断消费的对象不是物质实体，而是符号及其背后的象征意义。这不仅体现在物质形态的消费品中，更多在由文化符号、象征意义以及审美偏好的成分组成的文化消费对象（如流行音乐、风景区、影视剧等）的权力连接中，这不仅反映了主体的消费对象发生根本变化，也意味着消费意识形态中的审美和自我认同是与个人的身体密不可分的。

　　所以说，消费实践本身有效分化了阶级与阶层，换句话说，一定的阶级阶层对应着特定的消费实践行为。在群体意义上，在消费某种物质的或者非物质的商品时，人们更多地是通过商品表达自身

的角色和喜好，这背后隐藏着不同身份和资本在城市中不同的自我归属形式的现实，通过这种手段人们能够接受消费品本身的象征意义从而强化自身的角色与地位，同时无声地表达着关于自身阶层的话语形象，人们通常通过这种方式建构自身并体验他人，从而达成某种默契的秩序。后工业时代使得商品本身拥有创造分化与确立秩序的能力，多元性消费的前提正是多元性文化生产。消费空间是阶级阶层自我展现的重要空间，人们通过消费创造身体的象征来进行自我表达。

我们现如今并不能说出这世界上究竟有没有所谓的后现代城市，如果根据消费空间这一城市的核心空间来重新评价世界的大都市现状，毫无疑问答案是否定的，不仅尚未存在后现代城市，而且也鲜见后现代的消费空间。后现代社会与后工业社会并不相称，关于这两者关系的争论正是后现代作为一种事实或者实践方式与大都市之间关系争论的原因。在很多人的观点中，多元文化与异质性的表征及其消费，以及特定的超现实消费空间，正属于后现代的产物，同样遵循后现代的话语实践结构。然而现实中想象的与乌托邦的城市空间中人们仍然痴迷于场景或者空间的象征性，并由此获得体验感，这很难说是后现代的新特征。也有一些观点认为，后工业的消费空间使得人们可以自由选择自身的身份并且建构自我的身体，这些表达的实践不再受到传统阶级阶层地位与财富、职业的制约，而在消费空间中拥有选择自由。这种通过表征代替本质的论点无疑会令中低阶层心寒，他们拥有了平等的表达权力，却没有消费跨越自我阶层象征性商品的资本，而且这种个体的尝试无疑会被

自身身份的公共性所阻止，事实上人们并没有在消费空间的实践中消除其身体背后的权力关系。对于后现代消费而言，阶级与阶层对于先赋性的抛弃不应该仅局限于消费品的象征意义方面，而是需要解构象征意义背后相匹配的资本关系，同样功能商品的价格相差悬殊，本质上是阶级阶层地位的悬殊，并非单纯美学体验的悬殊。

同样需要解构的对象则是消费场景本身，相比于后现代艺术区表达的多样性建筑体验风格而言，现代性城市的消费空间则是一种阶梯化的建构模式。在高档专卖店或者商场中，装潢风格往往十分豪华但并无过多的特色，这不仅是现代主义建筑本身功能的局限，同时是资本主义固有的黄金至上理念的体现。大型商场、会所以及景区建筑装修豪华，而相对低端的场所为了更好地体验模式也在进行类似但是相对廉价的装修手段，与琳琅满目的商品种类相比，这些消费场景更多表达了人们的自我获得感，而不是所处场所的独特体验。而消费场所的分布同样是不平等的，在遥远郊区的购物中心或者假日购物市场与街头的便利店对于不同阶层的人们是不平衡的，只有闲暇时间才会有人光顾的度假式购物中心，建造得庞大、精致且功能丰富：

　　　　一旦进入了这些商场，通常很难找到出口，要离开商场一般需要穿过很多商店，这就导致了人们更多的消费可能性。为了吸引人们去这些新型购物中心，商家安排了特别节目、露天表演、"公开展示"以及更具戏剧效果的建筑

形式。一个典型的例子是加拿大西埃德蒙顿购物中心，它已经成为欧洲和北美其他零售商店发展的典范。①

后现代模式希望摆脱资本不平等所带来的消费场所的象征意义。因此，城市中的后现代艺术区是摆脱消费不平等的最好空间，而与商品与品牌本身所要表达的文化意义相符合的小型化的建筑风格，则令专卖店模式更加适合品牌的阶级化。这些后现代消费空间的建造策略现如今在寸土寸金的城市难以实行，而且正如我们前文所说的，后现代场所解构了场景及其构成的权力关系，这意味着一系列消费权力关系的消费空间将不复存在。这种场所中的建筑各自占据了自我的表达权力，并且与商品共同构成独特的表现力。它们之间并不形成某种结构，也不刻意地聚集相似的领域。

对于消费空间中的媒介而言，在现代性城市的消费空间中，后现代文化同样需要破除闪耀的霓虹灯、炫目的广告牌以及衬衫上的反主流印花的视觉效果。正如我们在视觉文化部分少量阐述了视觉的后现代潜力那样，后现代的文化消费需要摆脱消费品与场景之间的关系，才能在视觉角度从人的个体体验中得到解放。极简主义的功能化商品广告或者它的反面：表达为各种毫不相关偶然性艺术形式的广告，也许都可以作为改造大众体验的策略。全球化给予的后现代潜力首先在于多元文化本身，所以任务不在于创造多元文化，

---

① ［美］保罗·诺克斯，［美］史蒂文·平奇.城市社会地理学导论［M］.柴彦威，张景秋，等译.北京：商务印书馆，2005：64.

而是将多元文化从其背后的极权中拯救出来。这对现代主义方式的依赖，集中在充分利用多元文化的事实、创造微观的消费事实，要求对文化场景的重建，以及大众的深入理解。显然，这种批判形式在疲于学习的城市大众那里是难以一蹴而就的。

后现代主义消费实践的构想对于城市隐藏的秩序而言是一种破坏，它改造了消费空间体验结构的连贯性，并且将背后阶级与阶层的象征意义彻底解构。后现代文化不但有助于创造真正意义的多元文化消费的合法化空间，同时这对消费空间以资本建立起的极权模式来说是很大的冲击。另外，关于后现代主义这样先锋文化的消费同样是中产阶层摆脱压抑的重要手段，同时会被更高级别的有产阶层当作一种奢侈的行为艺术，这种不断汇聚的微观实践带来新的流行的潜力，从而在社会极化日益严峻的形势下找到新的宣泄口。这种政治运动可能是一个漫长的过程，也许只能表达为某种"古怪的现代主义"诠释，正如德里达说的那样：只有现代主义的形式，才会有真正的后现代主义。

小结

"现代"通常被认为出现在16世纪的文艺复兴运动中，在反对宗教神学的禁锢过程中对这个词赋予了全新的涵义，与西方"礼貌"或者"文明"等概念相似，都是在一定历史条件下进行的为世人所侧目的转折，这种转折旨在建立突破神学垄断的解释。

晚近现代主义与晚近现代性一样，作为一种城市规划形式，代

表了整体、统一与多元异质性的整合。第一，现代主义完成了现代城市的基本规划。这包含对于城市与自然基本关系的构造，城市空间功能与结构，以及城市物质性的基本内容。第二，现代主义的话语结构和实践结构同时受到了后现代主义话语的影响。后现代主义在当今多呈现为表征与话语，这就意味着城市空间结构与表征话语之间的关系并不是确定而真实的，相反则是受到空间的具体对象而共同建构的。

后现代文化不断获取象征权力与多元政治建构的过程，正是它们创造新的时空秩序的过程，这种交织与流动在城市中呈现三个方面的表达：第一，后现代主义在城市的文化实践中就注重符号与图像背后的意义；第二，后现代主义作为一种文化运动，在现代性中发挥作用；第三，后现代主义本身的文化多元性与现代性的文化多元性在当下共存。

现代主义建筑，以几种典型的构造形式为主要特征，其功能性、外观构造以及个体在其中的实践模式都是大体一致的。后现代主义建筑则恰恰相反，它的构成是意义独立的，而非依赖空间属性。后现代主义建筑试图通过集聚创造一个后现代空间，实现外观、体验与内在功能的一致。后现代主义建筑经常用多重象征手法，通过解构的实践形式创造不属于任何既定意义的模式。

作为现代主义消费的后果，消费者本身参与到了关于商品与城市的建构中去，从而掀起一种象征性的潮流。地位商品意味着大众消费意识形态的根本变化，人们在消费实践的过程中面对的不是某种需求的功能，而是关于阶层自我认同的期待。消费实践本身有效

分化了阶级与阶层，换言之，一定的阶级阶层对应着特定的消费实践行为。在群体意义上，在消费某种物质的或者非物质的商品时，人们更多地是通过商品表达自身的角色和喜好，这背后隐藏着不同身份和资本在城市中不同的自我归属形式的现实，通过这种手段，人们能够接受消费品本身的象征意义从而强化自身的角色与地位，同时无声地表达着关于自身阶层的话语形象，人们通常通过这种方式建构自身并体验他人，从而达成某种默契的秩序。

后现代模式希望摆脱资本不平等所带来的消费场所的象征意义。因此，城市中的后现代艺术区是摆脱消费不平等的最好空间。对于消费空间中的媒介而言，在现代性城市的消费空间中，后现代文化同样需要破除闪耀的霓虹灯、炫目的广告牌以及衬衫上的反主流印花的视觉效果。后现代主义消费实践的构想对于城市隐藏的秩序而言是一种破坏，它改造了消费空间体验结构的连贯性，并且将背后阶级与阶层的象征意义彻底解构。

第八章

走进城市研究的街头

我们不会假装有能力预知相当复杂的城市化世界的未来，或者指明未来城市理论需要走的道路。我们猜想，活跃在城市理论领域中的人也没法做到。与其谈论新的城市议程，好像能够确立和遵循一些模式，不如说我们更乐意以一些更客观的观察，就现代城市理论中如何应对我们面对的局限做个回顾。①

---

① ［英］艾伦·哈丁，［英］泰尔加·布劳克兰德．城市理论：对 21 世纪权力、城市和城市主义的批判性介绍［M］．王岩，译．北京：社会科学文献出版社，2016：217.

　　对于现代性城市而言，剧烈变迁的世界及其文化带动着城市不间断的改革、扩张与重组。后工业时代的深入造就了城市的民主、繁荣、自由，也有混乱、极化和迷失。城市研究的主体在近几十年即是变动的，又是稳定的，其根本正是在于如何通过对城市最真实的反映，达到城市与自然、与大众、与全球化之间和谐的状态，促进人类社会的发展。城市研究的主体始终是围绕这一系列的关系展开的，并且时刻关注着它背后世界的变化，工业资本主义的革新、网络时代、全球关系的新格局都是城市，尤其是全球化的大都市，敏感而着力的方向。当然，这些结构并没有得到切实的认可，并且人们对于现代性的态度越来越模糊，这就像是启蒙运动中后期人们对于理性的至高地位的重新思考一样。马克思主义更加关注城市中阶级状况与阶级意识，城市生态学者关注科技革命对城市生态的影响，政策学者也许更加关注城市边界、空间的特征及其治理，这些

不同的研究取向实际上都反映了相同的城市前景，并且同样具备不确定的心态。

一、阶级阶层的变化

后工业时代的一个重要特征就是中产阶层的兴起，私有权在一定程度上实现了公有制。这是阶级社会的一次重大变革。空间结构制约着城市阶层的形成，而空间本身又是十分复杂的。单纯的权力－资本划分模式已经在城市中不适用。在城市政治决策的过程中，中产阶层与无产阶级一样，并不具有直接的发言权以及制定权。从这个意义上说，在关于城市权力重要来源之一的政治决策中，新型的有产阶层仍然是斗争的群体，而非统治者。

后工业城市基于不同的空间结构，划分出不同的阶层等级。每一重空间中都具有有产者与无产者的划分，这不仅意味着资本－权力概念本身范畴的扩张，也说明了阶级阶层的多元主义分散了阶级聚合性，即阶级团结。高度分工和资本权力模式的多元化解构了作为统一阶级阶层的共同意识，取而代之的是中产阶级这一折中概念。这样，传统的财富资本与政治权力仅仅是作为阶层分化的水平条件，而现代性城市体验基于不同的空间结构和消费实践解构了这种同一水平的共同认知。与此同时，资本和权力的集中拥有者的改变则是权力支配模式和权力关系的对象变更，但对资源和权利的占有是不变的，资本占有者的阶层认知更加紧密统一。这种阶层结构不再是传统的金字塔形，而是越向下分化越明显的帐篷骨架形式。由一个

资本－权力节点为中心，不同的空间（职业、资本、身份与权力）
创造出不同的中产者与无产者。我们认为这一后果是基于城市空间
结构的现实性，无产者与中产者面临的不是整个城市空间，与之一
同成为群体的也不是统一生活状况的阶级，代替前者的是某个空间，
代替后者的是其中的某个空间中相似的群体。正如高兹所说：

　　　　我们被置于一种单面世界之中。在它与资本做斗争的
　　过程中，无产阶级呈现出资本本身已经赋予它的身份。与
　　其说无产者内化他们的完全被剥夺境遇，并着手在资产阶
　　级秩序的废墟上构建一种普遍的无产阶级社会，还不如说
　　无产者一直内化他们的被剥夺境遇，是为了维护他们的完
　　全依赖关系，并认可他们具有被完全负责的需求。①

二、城市空间的重构

　　城市空间的日益分化同样值得关注，尽管这是近几十年来持续
不断的事实。公共空间正在逐渐地与私人空间变得关系密切甚至相
互融合，这一点在消费空间的扩展中很明显可以见到。公共空间的
属性随着空间而生，并且受到空间关系的制约，公共空间就在这种
影响中逐渐破裂。

---

　　① ［澳］鲍里斯·弗兰克尔.后工业乌托邦［M］.李元来，译.南京：译林出版
社，2014：231.

第一，城市公共空间正在空间的分化中逐渐蜕变成了私人群体的领域。对于不同的阶级阶层而言，他们享有的公共空间越来越成为其私人的产物，而标榜对于有产者的私密性或者独特性也越来越成为权力关系的一种。这样，城市公共空间逐渐分化为不同阶级阶层的空间结构，并且随着功能性的划分向私人领域靠近。在这个意义上，私人领域与公共领域的界限是模糊的。在城市生活中，高档商场根本不会有中产者或无产者进入，公司或者餐厅的一些地区也禁止外人进入，同时，景观运动导致了一系列的拆迁行为。以消费空间为核心的场景制造，一方面唤起消费受众的归属感，另一方则无形地排除掉其他人的权力关系。这些基于象征性的话语表述本身就是专制的，从而限制了大多数人获取公共资源的权力和途径，保障一种私人生活，从而变成了小群体的表演：

> 在城市研究中，已有相当数量的专著对"公共空间的终结"这一课题做了研究。研究的重点是这个一直开放、未受控制的城市公共空间如何变成控制和警戒的对象或如何成为半私有化的空间。封闭的天井代替了开放式广场，购物中心取代了街道。把这些地方主体化和商品化为私人场所的私人资本力量进一步减少了闲逛、随意互动表演与展示以及偶然相遇的机会。城市空间已经被迪士尼化。①

---

① ［英］加里·布里奇，［英］索菲·沃森.城市概论［M］.陈剑峰，袁胜育，等译.桂林：漓江出版社，2015：396.

第二，日常实践与公共实践的分化逐渐模糊。日常实践本身已经逐渐成为身体自我生产的一部分，并且受到了空间权力关系的形塑，使得大众可以在任何地方进行公共领域不在场的实践，这种实践的主体之间是相互作用的，并且在不断建构私人空间之外的领域。网络时代的到来使得网络虚拟空间最为典型地体现了空间的再生产。个体在网络聊天、购物以及浏览这样的私人交互形式时形成了一整套与现实不同的实践规范，从而由个体关系逐渐搭建成为全新的空间，其中充斥着权力关系，并且能够形成集体的运动。这些集合了幻想与理性的空间成为日常实践的主要场所，而在其中形成的统一性、异质性与等级秩序则是公共领域的特征。

三、技术革命

前面提到的网络公共空间本身只是科技革命的一个结果，如果正在信息化与网络化的城市中对工作场所的需求不再那么强烈，得到重构的阶层秩序本身就与城市空间再一次紧密地关联起来。我们熟知的身处家庭的工作者甚至从事更加关键的任务的工作者，在一定程度上被作为高级中产者来标志。显然，这种事实会使得家庭本身变得十分重要，城市中地缘化的空间位置被网络空间所代替，从而实现了全球维度的信息交换。同样受到影响的则是作为这一阶层空间内生活方式的选择，他们居住地的空间经验相比之前要更加的集聚且独立，高科技装置的应用同样保障了这种阶层私密性。

同样，网络空间与现实空间的相互交织带来一系列可能的后果。

第一，它分裂了传统人际关系的形成模式与信息交换模式，从而改变了交往的话语结构。这种抽象维度的交往对于现实的侵入同样是不可避免的。信任模式、交往尺度以及关于评价机制都会随之发生变化。第二，网络对全球化进程的巨大推动不仅反映在时空距离的缩短，更意味着地方性影响的减弱。构成传统空间内部界限与秩序的一系列规范可能在全球的互动与理解的外部性泛滥中被解构。这种事实可能带来一系列碎片化的后果，也可能带来全球－地方模式的重组。

四、代结语

我们在这里关于城市阶级问题的阐述仅仅是一些思考的萌芽，所以并没有在阶级问题的章节中详细说明，这些逻辑并没有经受过多的讨论。在我们可见的将来，资本主义、城市化、时空结构与阶级阶层仍然是城市研究的核心概念，但是实际情况可能要复杂得多。城市中一切越来越紧密的联系和在这种联系中生存的人，不断改造一切的技术浪潮，带来了更多方法上的挑战：我们是不是应当抛弃以往那种必须依靠实证检验的可证伪方式与关于现代性抽象的宏大叙事的对立？我们是不是应该充分考虑许多城市问题新领域中专业人士的知识？我们是不是应该放弃以往那种城市－乡村二元结构的对全新城市变化研究的限制？在城市的研究方法上我们并不能给出任何意见，这本书本身就是我们能够提炼的全部方法。

城市研究本身就处在学科交叉的重要位置，每位学者都试图从

自己的立场上找到城市问题或者前景的关键所在，这些诚然带来研究巨大的分化，而整体上却提供了无数丰富的城市想象。这就意味着，抛弃学派成见、打破学科壁垒不仅是一种理念，同时也是一种实际的研究方法。城市的变化注定与世界体系、技术革命以及资本主义共同改变。城市本身及其有关它的研究成果都不断发生脱胎换骨的变化时，我们有理由相信前者不断的努力一定会达到一个城市研究的新起点，它意味着对以往理论形式和偏好的整合，以更加广阔的大综合姿态在新的研究维度上树立一个新起点，而绝非是重点。在此基础上，人们面临的是更加丰富的理论资源，更加具有魅力的城市现状与更加难以捉摸的世界。

城市空间新变化的原因多种多样，同时对它们进行描绘的逻辑与方式各有所长。正如哈贝马斯所说，现代性是一个未完成的规划。在全球化、网络化、智能化的今天，追求更多人的自由，改造人们的生活方式，消除贫困、饥饿与歧视，解放人类的思维与实践，都是城市要完成的任务。未来是未知的，没有人能够成为全知全能者，而城市本身却在越来越汹涌的变迁中包含无数方面的潜力和可能，这就意味着任何从事相关研究的人，甚至任何研究为人们谋求更多福祉的人都要停止对自己理论的自赞。而是要努力不局限于书本或者经验去充分了解一切，当然要有所取舍，更要保持独立。

参考文献

1. ［英］艾伦·莱瑟姆，［英］德里克·麦考马克，［澳］金·麦克纳马拉等．城市地理学核心概念［M］．邵文实，译．南京：江苏教育出版社，2013.

2. ［加］罗伯·希尔兹．空间问题：文化拓扑学和社会空间化［M］．谢文娟，张顺生，译．南京：江苏凤凰教育出版社，2017.

3. ［英］多琳·马西．保卫空间［M］．王爱松，译．南京：江苏教育出版社，2013.

4. ［英］彼得·布鲁克．现代性和大都市：写作、电影和城市的文艺社群［M］．杨春丽，译．南京：江苏凤凰教育出版社，2015.

5. ［美］维托尔德·雷布琴斯基．嬗变的大都市：关于城市的一些观念［M］．叶齐茂，倪晓晖，译．北京：商务印书馆，2016.

6. ［英］约翰·伦尼·肖特．城市秩序：城市、文化与权力导论［M］．郑娟，梁捷，译．上海：上海人民出版社，2015.

7. ［美］约翰·J.马休尼斯，［美］文森特·N.帕里罗．城市社会学［M］．姚伟，王佳，等译．北京：中国人民大学出版社，2016.

8.［英］史蒂夫·派尔,［英］克里斯托弗·布鲁克,［英］格里·穆尼.无法统驭的城市:秩序与失序［M］.张赫,高畅,等译.武汉:华中科技大学出版社,2016.

9.［美］爱德华·格莱泽.城市的胜利:城市如何让我们变得更加富有、智慧、绿色、健康和幸福［M］.刘润泉,译.上海:上海社会科学院出版社,2012.

10.［澳］德波拉·史蒂文森.城市与城市文化［M］.李东航,译.北京:北京大学出版社,2015.

11.［美］戴安娜·克兰.文化生产:媒体与都市艺术［M］.赵国新,译.南京:译林出版社,2012.

12.［德］马克斯·韦伯.城市:非正当性支配［M］.阎克文,译.南京:江苏凤凰教育出版社,2014.

13.［美］乔尔·科特金.全球城市史［M］.王旭,等译.北京:社会科学文献出版社,2010.

14.［加］贝淡宁,［以］艾维纳.城市的精神:全球化时代,城市何以安顿我们［M］.吴万伟,译.重庆:重庆出版社,2012.

15.［美］理查德·桑内特.肉体与石头:西方文明中的身体与城市［M］.黄煜文,译.上海:上海译文出版社,2016.

16.［美］理查德·桑内特.公共人的衰落［M］.李继宏,译.上海:上海译文出版社,2014.

17.［英］彼得·奥斯本.时间的政治:现代性与先锋［M］.王志宏,译.北京:商务印书馆,2014.

18.［英］马歇尔·伯曼.一切坚固的东西都烟消云散了:现代性体

验［M］．徐大建，张辑，译．北京：商务印书馆，2013．

19. ［英］特里·伊格尔顿．后现代主义的幻象［M］．华明，译．北京：商务印书馆，2014．

20. ［美］阿尔君·阿帕杜莱．消散的现代性：全球化的文化维度［M］．刘冉，译．上海：上海三联书店，2012．

21. ［美］劳伦斯·E. 卡洪．现代性的困境：哲学、文化和反文化［M］．王志宏，译．北京：商务印书馆，2008．

22. ［英］约翰·B. 汤普森．意识形态与现代文化［M］．高铦，等译．南京：译林出版社，2012．

23. ［英］安东尼·吉登斯．社会的构成：结构化理论大纲［M］．李康，李猛，译．北京：生活·读书·新知三联书店，1998．

24. ［英］安东尼·吉登斯．现代性与自我认同：晚期现代中的自我与社会［M］．夏璐，译．北京：中国人民大学出版社，2016．

25. ［美］萨斯基亚·萨森．全球化及其不满［M］．李纯一，译．上海：上海书店出版社，2011．

26. ［奥］阿尔弗雷德·舒茨．社会世界的意义构成［M］．游淙祺，译．北京：商务印书馆，2012．

27. ［英］大卫·布鲁尔．知识和社会意象［M］．霍桂桓，译．北京：中国人民大学出版社，2014．

28. ［美］彼得·L. 伯格，［美］托马斯·卢克曼．现实的社会建构：知识社会学论纲［M］．吴肃然，译．北京：北京大学出版社，2019．

29. ［德］卡尔·曼海姆．意识形态与乌托邦［M］．姚仁权，译．北京：中国社会科学出版社，2009．

30.［英］彼得·伯格.知识社会史（上卷）［M］.陈志宏，王婉旎，译.杭州：浙江大学出版社，2016.

31.［美］安德鲁·皮克林.构建夸克：粒子物理学的社会学史［M］.王文浩，译.长沙：湖南科学技术出版社，2012.

32.［美］爱德华·希尔斯.社会的构建［M］.杨竹山，张文浩，等译.南京：南京大学出版社，2017.

33.［波］弗洛里安·兹纳涅茨基.知识人的社会角色［M］.郏斌祥，译.南京：译林出版社，2012.

34.［法］巴斯卡尔·博尼法斯.造假的知识分子：谎言专家们的媒体胜利［M］.河清，译.北京：商务印书馆，2013.

35.［英］哈维·弗格森.现象学社会学［M］.刘聪慧，郭之天，等译.北京：北京大学出版社，2010.

36.杨善华，谢立中.西方社会学理论（下卷）［M］.北京：北京大学出版社，2006.

37.林聚任.西方社会建构论思潮研究［M］.北京：社会科学文献出版社，2016.

38.苏国勋，刘小枫.社会理论的政治分化［M］.上海：上海三联书店，2005.

39.［瑞］乔恩·皮埃尔.城市政体理论、城市治理理论和比较城市政治［J］.陈文，史滢滢，译.国外理论动态，2015（12）：63-74.

40.［美］马克·戈特德伊纳.批判城市研究的新视角：导论［J］.毕文胜，杨修志，译.国外理论动态，2012（11）：79-85.

41.谢菲.马克思恩格斯城市思想及其现代演变探析［J］.马克思主

义研究，2012（09）：32-40.

42.［英］迈克·海恩斯.21世纪的全球城市和全球工人［J］.吴晓梅，冯雅静，译.国外理论动态，2012（06）：25-37.

43.［美］迈克·戴维斯.资本主义与自然的冲突［J］.张丽梅，隋慧，译.国外理论动态，2008（09）：37-39.

44.［美］芭芭拉·伊欣格，贾纳·普卡.大学与城市和地区的关系［J］.孙丹妮，译.国外社会科学文摘，2009（10）：57-59.

45.［美］弗朗索瓦·吕芬.房产：一切为了富人［J］.吕玉冬，译.国外社会科学文摘，2007（5）：27-29.